洛阳古代墓葬文化

（宋金孝子故事卷）

洛阳古墓博物馆 编　　杨蔚青　张建文　主编

陕西新华出版　三秦出版社

图书在版编目（CIP）数据

洛阳古代墓葬文化.宋金孝子故事卷/洛阳古墓博物馆编；杨蔚青，张建文主编. — 西安：三秦出版社，2023.12
ISBN 978-7-5518-3083-6

Ⅰ.①洛… Ⅱ.①洛…②杨…③张… Ⅲ.①墓葬（考古）-文化研究-中国-辽宋金元时代 Ⅳ.①K878.84

中国国家版本馆CIP数据核字(2023)第254375号

洛阳古代墓葬文化——宋金孝子故事卷

洛阳古墓博物馆　编
杨蔚青　张建文　主编

出版发行	三秦出版社
社　　址	西安市雁塔区曲江新区登高路1388号
电　　话	（029）81205236
邮政编码	710061
印　　刷	洛阳彩悦印刷有限公司
开　　本	787 mm × 1092 mm　1/16
印　　张	10.75
字　　数	122千字
版　　次	2023年12月第1版
印　　次	2023年12月第1次印刷
标准书号	ISBN 978-7-5518-3083-6
定　　价	78.00元
网　　址	http://www.sqcbs.cn

洛阳文物考古丛书编辑委员会

主　任　余　杰
副主任　张孟曾　仵荣全　薛　方　郭志红　王献本
委　员（以姓氏笔画为序）

马金刚	王　伟	王　莉	王献本	王锡瑕	田国杰
白　雪	司马国红	吕劲松	朱世伟	仵荣全	刘秋杰
刘润丽	李文初	李永强	李宏甫	杨志伟	余　杰
张孟曾	张　媛	张路路	陈建平	陈　朝	周海涛
郑永霞	孟　晨	赵光付	赵晓军	侯玉珂	聂晓雨
贾中宝	高志承	郭志红	郭　磊	曹岳森	曹薇薇
阎　桦	韩玉玲	薛　方			

洛阳古代墓葬文化 —— 宋金孝子故事卷　编辑办公室

主　编　杨蔚青　张建文
副主编　郑　文　张忠杰　锁子会　王　钊
编　委（以姓氏笔画为序）

王励为	王　钊	王宗星	巴君兰	石红兵	付光旭
白隆升	朱　兴	朱志娟	朱海燕	刘子新	许少华
苏东黎	李广泽	李丽霞	李　波	李涤非	李　萌
杨玉静	杨蔚青	杨　蕊	吴小苗	吴　迪	余晓东
余黎星	张龙丹	张　林	张忠杰	张建文	张亮亮
张　莹	张　楠	张新宇	周佳媛	周海涛	周　辉
郑　文	段跃辉	宫万松	耿笑迎	郭开红	黄　静
锁子会	程伟忠	薛　峰			

前　言

洛阳是举世闻名的古都，上起夏、商、周三代，下至封建社会经济文化极为繁盛的唐宋时期，长期是众多王朝的国都或陪都，是全国的政治中心、经济中心、文化中心，是中华文明最丰富、最瑰丽的聚集区之一，为后世留下了无数的文化遗产。这其中，宋金时期的墓葬与石棺更是具有极高艺术成就的文化瑰宝。宋金时期仿木结构建筑的砖室墓，往往以其精巧的建筑结构、华美的建筑装饰使身临其境者赞叹不止，而雕刻精美的石棺也每每令观者感叹古代工匠的高超技艺。

在"事死如事生"的观念下，中国古人对于逝去先人的殡葬事宜是极其重视的，虽有魏晋等历史时期对简葬的倡导，然而，一旦社会稳定、经济恢复、文化发展，殡葬中所体现的文化类型就丰富而精彩。形成这一现象的缘由之一是中国自古以来绵延不绝的"孝"文化，无论是国家层面，还是家族、个人层面，对父母的孝、祖宗的孝都是历朝历代所倡导的。而孝文化在墓葬中的直接体现就是多种艺术形式的孝子故事的出现。在洛阳宋金时期的墓葬中，以"二十四孝"为主要内容的孝子故事壁画、雕砖、线刻具有突出的文化特色，本书即以此为主题，向读者展示洛阳古代墓葬文化、孝文化的一个侧面。由于宋代时巩义、登封属洛阳管辖的河南府，因此将巩义、登封两地纳入本书研究范围。

根据考古发掘资料，本书收集了15组出现在洛阳地区宋金墓葬里的孝子故事文物，按其艺术表现形式可分为墓室建筑上的孝子故事雕砖、孝子故事壁画和石棺上的孝子故事线刻。新安县宋四郎壁画墓、洛阳洛龙区关林庙宋代砖雕墓、洛阳涧西耐火材料厂北宋砖室墓、洛阳伊川雕砖墓等4座墓葬内镶砌有孝子故事雕砖。洛阳北宋张君墓画像石棺、洛宁北宋乐重进画像石棺、北宋王十三画像石棺、巩义西村宋代石棺、宜阳北宋画像石棺、巩义米河半个店宋画像石棺等6具石棺上刻绘有孝子故事线刻。登封黑山沟宋代壁画墓、登封高村壁画墓、巩义涉村宋代壁画墓、宜阳仁厚宋代壁画墓、嵩县北元村宋代壁画墓等5座壁画墓内描绘有孝子故事壁画。

本书旨在为墓葬文化的研究提供学术资料，向历史文化爱好者传播、普及古代墓葬文化知识。希望读者通过这些资料更加了解古代孝子故事，在摒弃了其文化糟粕的基础上，领略古代墓葬文化的成就与精华。为了详尽、直观地向读者呈现所获得的资料信息，本书在介绍墓葬及石棺时详细收录了发掘报告内容；在尽量收录孝子故事清晰照片的同时，尽力描绘每一例孝子故事的线描图，以便于读者直观、全面地获取学术资料和历史文化信息。

概　述

　　洛阳是华夏文明和中华民族的发源地之一，有着长达1500多年的建都史，悠久的历史、发达的经济和繁荣的文化，蕴涵了中华文明兼容并蓄的开放胸怀，使得洛阳这片热土上曾经创造了无数璀璨的文明，地上地下留下了无数的物质文化遗存。由于文化的繁荣而产生的文化凝聚力和辐射力，使得洛阳对周边地区有较强的文化影响力。

　　在历史上，不仅有无数的帝王将相、名门望族、富豪士绅乃至平民百姓死后葬于洛阳，更由于对河洛文化、中原文化的向往，以及受"生在苏杭，葬在北邙"等文化思想的影响，大量的历史名人和杰出代表，死后葬于洛阳或者被其后人迁葬于洛阳，从而形成了以洛阳为中心的颇具文化引领特征的丧葬文化。通过对一些洛阳地区古墓葬考古资料的收集、研究，我们发现其中一些表现孝文化的墓葬文物尤其值得关注；它们是传统孝道文化在古代社会生活、民间信仰、丧葬习俗中的直接反映，是研究古代洛阳乃至中国孝道文化发展、变化、传承的一个不可或缺的侧面，是历代传统孝道文化的形象展示，对它们的收集、整理、解读、传播有着较为重要的历史价值和现实意义。

一、洛阳宋金墓葬中蕴含的"孝子故事"

　　孝子故事是宋金时期墓葬中常见的艺术题材，其所表现的行孝人物和内容因地域、时代而有所变化，洛阳地区宋金时期墓葬中出现的孝子故事文物主要有墓室墙壁上的壁画、雕砖，墓内石棺上的雕刻等。洛阳地区宋金墓葬中的这些孝子故事题材作为墓葬装饰（壁画、雕砖、雕刻）的一部分，在考古发掘报告等学术成果中多有提及和论述，然而将其汇总刊出的专著则较为少见。为了促进这些宋金时期古墓葬、石棺中孝子故事壁画、雕砖、雕刻的研究，笔者在此对其做以初步的汇总、梳理，并略做阐释，以期后续研究的深入。

　　笔者收集到洛阳地区古墓葬中出现的宋金孝子故事文物共计15组，包括孝子故事雕砖4组、孝子故事壁画5组、孝子故事线刻6组。出土有孝子故事雕砖的墓葬有4座，分别是，新安县宋四郎壁画墓（以下简称宋四郎墓）、洛阳洛龙区关林庙宋代砖雕墓（以下简称关林庙宋墓）、洛阳涧西耐火材料厂北宋砖室墓（以下简称耐火厂宋墓）、洛阳伊川雕砖墓（以下简称伊川雕砖墓）。出土有孝子故事壁画的墓葬有5座，分别是登封黑山沟宋代壁画墓（以下简称黑山沟宋墓）、登封高村壁画墓（以下简称高村壁画墓）、巩义涉村宋代壁画墓（以下简称涉村宋墓）、宜阳仁厚宋代壁画墓（以下简称仁厚宋墓）、嵩县北元村宋代壁画墓（以下简称北元村宋墓）。这些砖雕墓、壁画墓，结构精致、装饰精美，其中的仿木建筑结构、题材丰富的壁画、雕砖等蕴涵了丰富的历史文化信息，是研究宋金时期洛阳地区历史、文化、葬俗等方面的珍贵文物。这些雕砖墓、壁画墓在墓葬中或镶砌或绘制有孝子故事，最少者为2幅，最多者有23幅，根据墓葬建筑装饰和布局的需要，分布在甬道东西两壁须弥座上，墓室内壁（除墓门外）墙面的阑额中部，装饰格子门的障水板上，墓室斗拱间（拱眼壁上）等等部位。这些孝子故事雕刻（绘制）精美、主题清晰、表现场景生动直观、描绘细节丰富，有较强的装饰性和艺术感染力。有榜题的固然明确了然，即使无榜题也可以通过画面描绘的场景，判定其所表现的孝子故事事例。

　　洛阳地区发现的线刻有孝子故事的6具宋代画像石棺分别是孟津送庄张盘村的崇宁五年（1106年）张君画像石棺（以下简称张君石棺）、洛宁县东宋乡大宋村政和七年（1117年）乐重进画像石棺（以下简称乐重进石棺）、洛阳市七里河村宣和五年（1123年）王十三画像石棺（以下简称王十三石棺）、宜阳北宋画像石棺（以下简称宜阳北宋石棺）、巩义西村宣和七年（1125年）王二翁石棺（以下简称巩义西村石棺）、巩义米河半个店宋画像石棺（以下简称巩义米河石棺）等。上述石棺形制结构相似，装饰精美，大多纪年确切，时代均为北宋晚期，对于研究宋代洛阳地区的历史、绘画、葬俗等，提供重要、珍贵的实物资料。在这些石棺上，孝子故事以线刻的形式出现在石棺的两帮和后档等部位，最少者有8幅，最多者有24幅，与石棺上雕刻的其他题材一起构成了完整的装饰组合，表现了人们的美好向往、祈盼诉求。这些雕砖、线刻、壁画所描绘的孝子故事除巩义涉村宋墓绘制的是"五郡兄弟"行孝图壁画以外，其余均以广为流传的"二十四孝"为题材，在具体行孝内容、人物、数量上有所选择和差别。这既反映了"二十四孝"在历史上流传时间之长、影响地域范围之广，也反映了中国历史发展过程中，社会各阶层对"孝"文化的尊崇。（见表一）

表一　洛阳出土孝子故事的墓葬与石棺

序号	墓葬(或石棺)名称	时代	出土地	出土时间	壁画/雕砖/线刻内容	墓葬内孝子故事数量	孝子故事分布位置	墓葬、石棺或孝子故事文物现存位置
1	宋四郎墓	宣和八年（1126年）	洛阳市新安县石寺李村	1984年	壁画：夫妇开芳宴图、牡丹图、交租图、庖厨图、杂剧图等 雕砖：孝子故事、侍者、斗拱、格子门、直棂窗、格子窗、破子棂窗等	2块2幅	甬道东西两壁须弥座上镶砌	墓葬收藏于洛阳古墓博物馆
2	关林庙宋墓	北宋（晚期）	洛阳市洛龙区	2009年10月	雕砖：孝子故事、妇人启门、散乐图、备宴图、杂剧图、狮子、牡丹、童子、莲花、牡丹、狮子牡丹、卷帘、板门、破子棂窗、格子门、立柱斗拱等	10块23幅	砖作仿木结构（除南壁外）墓壁阑额中间	雕砖收藏于洛阳古墓博物馆
3	耐火厂宋墓	—	洛阳市涧西区	1984年	雕砖：斗拱、格子门、板门、孝子故事、牡丹、狮子等	6块6幅	墓壁后壁和左右壁斗拱间	墓葬收藏于洛阳古墓博物馆
4	伊川雕砖墓	金代（中期）	洛阳市伊川县葛寨乡沙元村	2003年1月	雕砖：斗拱、破子棂窗、板门、格子门、孝子故事、侍女、男侍、透雕花纹窗棂（几何纹、莲花纹、菱形纹、川字纹、牡丹纹）	6块6幅	墓室东西两壁透雕花纹窗棂下部	—
5	黑山沟宋墓	北宋末年哲宗绍圣四年（1097年）	登封市城关填黑山沟村	1999年8月	壁画：备宴图、伎乐图、宴饮图、育儿图、侍寝图、侍洗图、行孝图、菩萨图、宅院图、仙女图、道士图、道姑图、招魂图、团花纹、几何纹、卷竹帘等 砖雕：斗拱、板门等	8幅	拱眼壁上	—
6	高村壁画墓	北宋（末年）	登封市告成镇高村	2003年	壁画：出行图、烙饼图、升仙图、备宴图、宴饮图、侍洗图、升仙图、行孝图、道士图、道姑图、缠枝牡丹（木作彩画）等	8幅	拱眼壁上	—
7	涉村宋墓	北宋（晚期）	巩义涉村	2002年10月	壁画：夫妇对坐、孝子图、侍者图、猫、鸟笼（部分壁画残损，难窥全貌）	6幅	阑额之上	—

续表一

序号	墓葬(或石棺)名称	时代	出土地	出土时间	壁画/雕砖/线刻内容	墓葬内孝子故事数量	孝子故事分布位置	墓葬、石棺或孝子故事文物现存位置
8	仁厚宋墓	北宋(晚期)	洛阳市宜阳县韩城镇仁厚村	2010年6月	壁画：门吏图、孝子故事、牡丹花卉图	12幅(可辨识11幅)	墓室四壁墨色栏框内	壁画收藏于洛阳古墓博物馆
9	北元村宋墓	北宋(晚期)	嵩县城关镇北元村	1986年10月	壁画：门神图、夫妇对坐图、孝子故事图、牡丹、莲花、丹顶鹤、流云等 雕砖：斗拱、格扇门、牡丹、棂子门窗等	15幅	拱眼壁上	—
10	张君石棺	北宋崇宁五年(1106年)	孟津县送庄张盘村	1958年出土,1964年征集	线刻：缠枝牡丹、攀枝童子、骑兽童子、夫妇升仙图、卷枝花纹、仙女图、仙鹤、孝子故事图 浮雕：门窗、侍卫、倚门侍女、仰覆莲、托棺力士	24幅	棺左、右帮后半部和后档	收藏于洛阳博物馆
11	乐重进石棺	北宋政和七年(1117年)	洛宁县东宋乡大宋村	1992年2月	线刻：天女散花、动物献寿图、双环花叶形图、墓主人观赏散乐图、进茶图、进酒图、宝相花、缠枝牡丹、卷云纹、妇人启门图、烈女孝子图	24幅	石棺右帮、左帮、后档	—
12	王十三石棺	北宋宣和五年(1123年)	洛阳市七里河村	建国初期(约1949年)	雕刻：双翼飞仙、博山炉、门窗、绶带、金钱、童男、童女、狮子、孝子故事、连枝牡丹等	15幅	石棺右帮、左帮、后档	收藏于湖北省博物馆
13	宜阳北宋石棺	北宋(徽宗)	宜阳县莲庄乡坡窑村	1995年12月	线刻：牡丹纹、卷云纹、夫妇饮茶图、收获图、孝子故事图	10幅	石棺右帮、左帮	—
14	巩义西村石棺	北宋宣和七年十一月(1125年)	巩县城南西村乡西作村南	1986年12月	线刻：缠枝宝相海石榴花、蕙草纹、缠枝牡丹、孝义图、引云对鹤、三角几何纹 浮雕：妇人启门图、垂蔓等	24幅	石棺右帮、左帮	收藏于巩义宋陵永定陵
15	巩义米河石棺	—	巩县米河半个店村	1988年	线刻：孝子故事门吏、卷帘、卷云纹等 浮雕：假门等	8幅	石棺右帮、左帮	收藏于巩义宋陵永定陵

上述这些出现孝子故事的墓葬、石棺最早的出土于中华人民共和国成立初期，最近的出土于2010年，时间跨度较长；部分文物历经波折，收藏单位和存放位置乃至考古发掘资料都较难寻找。王十三石棺于中华人民共和国成立初期在洛阳市七里河村出土，由于当时中南军政委员会在武汉，这具石棺就运到了汉口；后来委员会撤消，石棺放置在中山公园里，最后收藏于湖北省博物馆。1986年出土的巩义西村石棺经咨询巩义文物专家才获知其在巩义宋陵永定陵存放，而巩义米河石棺又恰恰与之一起存放，在专家、同行的诚挚帮助下，才得以一睹真容。感慨于这些文物历经的辗转变化，愈加觉得编辑这本小书的必要，试想作者做为文物工作者尚难集齐这些文物图片、发掘资料，普通公众就更加难以获得。有些考古资料因年代久远，拓片、图片模糊不清，我们在认真解读的基础上描绘线描图，并将线描图与原图并列，以期向读者传递更多的信息。

二、形制结构与题材布局

自古以来，中国历朝历代的统治者都对"孝"非常尊崇，甚至宣称以"孝"治天下，这使得在中国历史的发展过程中，"孝"文化在社会生活中往往占据非常重要的地位。汉代时，孝子、列女故事已盛行，刘向著有《古孝子传》（已佚）、《古列女传》。登封汉阙、嘉祥武氏祠、长清郭巨祠等等都发现孝子故事雕刻，这些都是人们崇尚孝道的例证，是宋金时期墓葬中和石棺上的孝子故事的渊源。及至宋代，孝道再次得到空前的重视，宋太祖积极倡导孝道，宋神宗实行"以孝治国"，《孝经》成为科举考试的必考内容。当时社会的主流宗教佛教、道教出于顺应统治者导向和自身传播光大的需要，也将孝道纳入自己的思想体系，把行孝与必得善报的因果报应和死后升仙联系起来。这样，在儒、释、道主流文化的倡导和推崇下，整个社会形成了"百善孝为先""孝悌之至，通于神明"的基本共识。墓中装饰孝子故事，不仅能达到彰显墓主人崇尚孝道的优秀品德的目的，同时还有帮助墓主人灵魂顺利升仙的作用。

北宋时期，经过一段时期的社会稳定，做为中华文化核心区的中原地区的经济得到了较大的发展，特别是作为国都、陪都的开封、洛阳地区，经济更是得到了极大的进步，民间的富庶程度超过以往任何一个朝代。经济的繁荣又促进了文化在社会各阶层的发展和勃兴，孝子故事题材在墓葬中的出现，应是当时繁荣的经济文化在丧葬文化中的一个反映。

（一）雕砖墓、壁画墓形制结构

洛阳地区发现孝子故事雕砖的墓葬有4座，分别是宋四郎墓、关林庙宋墓、耐火厂宋墓、伊川雕砖墓，发现孝子故事壁画的墓葬有5座，分别是黑山沟宋墓、高村壁画墓、涉村宋墓、仁厚宋墓、北元村宋墓。上述雕砖墓、壁画墓，除仁厚宋墓为平面呈靴形单室土洞墓外，其余皆为单室仿木结构砖墓。这些墓葬中宋四郎墓、黑山沟宋墓、高村壁画墓、涉村宋墓4座墓葬有墓门，墓葬由墓道、墓门、甬道、墓室四部分组成，其余墓葬仅由墓道、甬道、墓室三部分组成。宋四郎墓、关林庙宋墓、黑山沟宋墓、高村壁画墓、北元村宋墓墓室底平面均呈八边形，耐火厂宋墓、伊川雕砖墓墓室平面呈正方形或接近方形，涉村宋墓墓室平面接近圆形。

墓门，是进出墓葬的必经之处，墓门建筑装饰的优劣，不仅是墓葬建筑水平的体现，也是彰显墓主人身份地位、家资厚薄的"门面"。在收集到的9座墓葬中有4座墓有墓门，从考古发掘报告可知，黑山沟宋墓、高村壁画墓、涉村宋墓3座墓虽有墓门，或结构简陋，或部分损毁，在发掘报告中描述都较为简略，而宋四郎墓的墓门构造精美，堪为代表。宋四郎墓的砖砌仿木结构墓门，底部为须弥式基座。须弥座左右端头向上砖砌出两根壁柱，柱间以砖砌出仿木构阑额、倚柱、上额、槫柱、门额和立颊等。门额上还安放了四个浮雕四瓣柿蒂纹门簪。柱上部为砖砌仿木普拍枋。普拍枋上砖砌四铺作单杪柱头铺作、补间铺作斗拱各两朵。两补间铺作间嵌入方形铭砖一块，上书"宋四郎家外宅坟，新安县里郭午居住。砖作人贾博士、刘博士，□住张窑同共砌墓。画墓人杨彪，宣和八年二月初一大葬记"。仿木斗拱上砖砌出仿木橑檐枋、仿木檐橡、仰覆板瓦、仿木正脊等。整体墓门显得结构华丽、精巧规整，特别是其镶嵌铭文砖更加彰显了此墓的价值。

墓室是这些墓葬的主体，为体现墓主人的尊贵、富庶和展现其后人的孝义，修建、装饰得非常华丽、精美，不仅是宋金时期建筑、雕刻、绘画、书法等诸多社会文化的直观体现，而且反映了工匠们因地制宜、随机应变的精妙构思和高超建筑技艺。在宋四郎墓等7座多角形单室砖砌仿木结构墓葬中，墓内多有砖砌的棺床，墓室内墙壁至墓顶自下而上大致可分为三部分。阑额、斗拱之下为下部，是墓室墙面，做法为在墙壁内转角处用砖砌倚柱将墙面分为较规整的八面或四面，按方位和需要分别装饰雕砖或壁画，雕饰和绘画出仿木结构的板门、格扇门、棱子门窗等，并雕刻、绘画出夫妇饮茶图、妇人启门、散乐图、收获图、备宴图、杂剧图、进茶图、进酒图等等墓主人生活场景。砖砌倚柱之上为中部，有砖砌阑额、普拍枋、斗拱等，在斗拱和阑额间多装饰有孝子故事壁画或雕砖。斗拱之上为上部，是砌筑的墓顶。宋四郎墓等墓葬在雕砖门窗、斗拱、墓顶都施有彩绘，黑山沟宋墓、高村壁画墓在斗拱之上用砖砌出垂花柱，在斗拱与垂花柱之间绘制佛、道仙人壁画。涉村宋墓虽然墓室平面呈圆形，但是同样用四根砌筑倚柱将墓壁分为四部分，还有一长三短四根影作倚柱，在表示墓葬的墙面和阑额之上有更多的建筑分割空间的同时，仍在模仿地面木构建筑的样式（见表二）。

结合已有研究成果来看，这些仿木结构单室墓是对宋金时期现实生活中四合院的模仿，墙面的板门、格扇门、棱子门窗应当是院内四周房门，正门似堂屋或叫上房，两侧墙面的门窗似厢房。绘制或雕刻的夫妇饮茶图、妇人启门、杂剧图等壁画或雕砖则表示墓主人的居家生活，而阑额和斗拱之上绘制或雕刻的孝子故事、仙人等则有尊崇孝道、引导升仙的意味。

（二）石棺的形制结构

本书收集的发现孝子故事的 6 具石棺均为仿木棺式，石棺整体外形基本是前高后低、前宽后窄、上窄下宽样式。石棺的整体构造分为两种，一种是棺身、棺盖分别由两块完整石块（青石）雕凿而成；另外一种是由棺盖、棺底、左右帮、前后档共 6 块石板拼合而成，以榫卯结构相互插接咬合为一体。棺盖较棺底、两帮略长，较棺前、后档略宽，平顶或盝顶，四边斜刹。这 6 具石棺大多由青色石灰岩雕凿而成，只有巩义西村石棺为红色夹砂岩，质地较软。根据现场观察和察看考古发掘拓片、照片等资料，可知这些石棺均有不同程度的风化，有的棺盖、棺帮多有断裂、缺损、表面剥落、划痕现象，对石棺历史文化信息的解读造成了一定的困扰。（见表二）

（三）雕砖墓、壁画墓墓室内装饰题材布局

这些墓室内的装饰题材，概括起来主要分为以下五类：一是表现墓主人日常生活的场景和画面；二是宣扬传统伦理道德的孝子故事；三是佛、道神仙图画；四是有装饰作用并有美好寓意的花卉或图案纹样；五是仿木结构建筑装饰彩画等。

第一类题材是这几座雕砖墓、壁画墓墓室内壁的主要装饰部分，占据墓葬内墙面全部或绝大部分。新安县宋四郎墓在除墓门以外的七面墓室墙面以壁画为主装饰有：夫妇开芳宴图、牡丹图、交租图、庖厨图、杂剧图等，还配以雕砖的双扇格子门、直棂窗、格子窗等，在充分展示墓主人生前生活真实写照的同时，还表现出墓室与墓主人生前居所一致的意味，或是墓主人死后仍将永享生前美好生活的向往。关林庙宋代砖雕墓则在墓室内壁装饰以大量雕砖，题材有：妇人启门、散乐、杂剧、备食等生活场景，还有表现仿木建筑构造的卷帘、板门、破子棂窗、格子门等雕砖饰件和表现美好寓意的莲花、牡丹、狮子等雕砖饰件。耐火厂北宋墓、洛阳伊川雕砖墓在墓室内壁也雕砖装饰有斗拱、格子门、板门、牡丹、狮子、破子棂窗、侍女、男侍、透雕花纹窗棂等。

第二类题材孝子故事是本书关注的重点，在宋四郎墓等四座墓葬中均以雕砖形式出现，主要镶砌于甬道须弥座、墓室墙面阑额中部、斗拱间、格子门下部障水板等位置。在本书收集的5座壁画墓葬中，黑山沟宋墓、高村壁画墓、北元村宋墓三座墓将孝子故事绘制在拱眼壁上，涉村宋墓的孝子故事绘制于阑额之上。孝子故事雕砖、壁画在尺寸上较第一类题材明显小很多，在整个建筑中的位置往往也是次重要的位置，但是由于它们雕刻绘制精美、内涵丰富，有的有明确的榜题，或者是通过展现众人所熟知的经典场景而指向明确的孝子故事，从而使人确切感受到墓主后人在墓中布置它们的良苦用心。（见表三）

表二 洛阳出土孝子故事墓葬和石棺的形制和孝子故事内容

序号	墓葬（或石棺）名称	墓葬平面图或石棺结构图	墓葬形制、石棺构造	孝子故事内容	墓主人身份
1	宋四郎墓		由阶梯墓道、墓门、甬道、八边形墓室等部分组成	哭竹生笋、闻雷泣墓（2幅）	宋四郎（可能为乡绅）
2	关林庙宋墓		仿木结构单室砖墓，由阶梯式墓道、甬道、八边形墓室组成	老莱、元觉、陆绩、董永、田真、王祥、刘殷、鲍山、韩伯瑜母、杨香、睒子、曹娥、孟宗、蔡顺、赵孝宗、鲁义姑、郭巨、丁兰、闵损子、王武子妻、曾参、诗母、刘明达卖子（23幅）	—
3	耐火厂宋墓	—	仿木结构单室砖墓，由墓道、甬道、正方形墓室组成	曹娥、董永、鲁义姑、丁兰、孟宗、王祥（6幅）	—
4	伊川雕砖墓		仿木结构单室砖墓，由斜坡墓道、甬道、方形墓室组成	赵孝宗、田真、王祥、鲍山、杨香、曹娥（6幅）	—
5	黑山沟宋墓		仿木结构砖砌单室墓，由阶梯式墓道、砖雕门楼、甬道、墓室组成，墓室平面为八角形	曾参、王武子、董永、丁兰、王相（祥）、孟宗、郭巨、王亦（8幅）	李守贵（可能为乡绅）
6	高村画壁墓		由阶梯式墓道、墓门、甬道、封门砖、八边形墓室组成。墓道带天井，墓室西南壁、东南壁各筑一耳室	蔡顺、赵孝宗、丁兰、王武子、尧舜子、韩伯愈、孟宗、王祥（8幅）	—
7	涉村宋墓		由墓道、墓门、甬道、封门砖和接近圆形的墓室组成	"五郡兄弟"孝子图位于墓室东壁、西壁、北壁的影作阑额之上（6幅）	—
8	仁厚宋墓		单室土洞墓，平面呈靴形，由长方形竖井式墓道、甬道、不规则长方形墓室组成	老莱子、郭巨、王祥、王裒、鲁义姑、闵子骞、赵孝宗、孟宗、田真、鲍山、刘殷（11幅）	墓主应为稍有资财的地主、平民
9	北元村宋墓		仿木建筑砖砌单室墓，由竖穴式墓道、甬道、八角形墓室组成	郯子、元觉、郭巨、莱子、孟宗、赵孝宗、韩伯俞、刘殷、丁兰、汉文帝、董永、曹娥、舜子、王祥、田真（15幅）	墓主生前没有做过官，是一个相当有财力的地方乡绅

续表一

序号	墓葬（或石棺）名称	墓葬平面图或石棺结构图	墓葬形制、石棺构造	孝子故事内容	墓主人身份
10	张君石棺		石棺前高130、后高104、前宽110、后宽85、长220厘米，棺盖及棺身分别用整块青石雕成	赵孝宗、郭巨、丁兰、刘明达、舜子、曹娥、孟宗、蔡顺、王祥、董永、鲁义姑、刘殷、孙悟元觉、睒子、鲍山、曾参、姜诗、王武子妻、杨昌、田真、韩伯俞、闵损、陆绩、老莱子（24幅）	棺盖上部正中刊刻墓志铭，志额篆书"洛阳张君墓志"
11	乐重进石棺		石棺由盖、两帮、前档、后档、底构成	刘明达、田真、董永、杨香、鲍山、睒子、姜诗、老莱子、韩伯俞、元觉、陆绩、王祥、郭巨、刘殷、王武子妻、赵孝宗、曾参、鲁义姑、丁兰、孟宗、曹娥、闵子骞（22幅）	河南府永宁县招化乡大宋村大宋保人乐重进
12	王十三石棺	—	棺盖及棺身分别用整块青石雕成。长2.35、前高0.91、后高0.75、前宽1.0、后宽0.83米	王午子（应为王武子）、江系（应为姜诗）、丁栏（应为丁兰）、舜子、郭巨、董永、韩伯俞、曹娥、田真、赵孝宗、包中（应为鲍山）、孟宗、元觉、陆绩、王祥（15幅）	金紫光禄大夫孙王十三
13	宜阳北宋石棺		石棺由盖、左右侧板、前后挡底构成。棺体呈长方棱形，长2.13米，前段高0.9、宽0.85米，后端高0.85、宽0.7米	田真、老莱、舜子、韩伯（应为韩伯瑜）、袁觉、刘明达、睒子、姜诗、鲍山、曹娥（10幅）	—
14	巩义西村石棺		石棺由盖、左右侧板、前后档底构成。棺体呈长方棱形，长2.13米，前端高0.9、宽0.85米，后端高0.85、宽0.7米	丁兰刻木、董永卖身、舜子事父、郭巨埋儿、睒子悲箭、鲍山起熟、刘殷泣口、子骞谏父、伯瑜泣杖、曾参母齿指、武妻事家、陆绩怀桔、诗妻奉姑、元觉迥箐、田真、曹娥泣江、孟宗泣竹、莱奉亲孝、王祥卧冰、蔡母怕雷、杨香骑虎、赵孝宗、鲁义姑、刘明达（24幅）	棺后档题记：西京河南府永安军奉基乡邓封村左村口税户王二翁
15	巩义米河石棺	—	石棺棺盖及棺身分别用整块青石雕成，多处断裂、破损。长2.32、宽1.50、高1.25米	赵孝宗、鲁义姑、刘明达、姜诗、曾参、丁兰、元觉、管鲍（共8幅）	—

表三　洛阳地区宋金墓葬中的孝子故事分布详表

墓葬(或石棺)名称	榜题	1 孟宗	2 蔡顺	3 老莱	4 元觉	5 陆绩	6 董永	7 田真	8 王祥	9 刘殷	10 鲍山	11 韩伯瑜	12 杨香	13 睒子	14 曹娥
宋四郎墓	无	☑	☑												
关林庙宋墓	有	☑	☑	☑	☑	☑	☑	☑	☑	☑	☑	☑	☑	☑	☑
耐火厂宋墓	无	☑					☑		☑						☑
伊川雕砖墓	无						☑	☑			☑		☑		☑
黑山沟宋墓	有	☑					☑		☑						
高村壁画墓	有	☑	☑						☑			☑			
涉村宋墓	有														
仁厚宋墓	无	☑		☑			☑	☑	☑						
北元村宋墓	无	☑		☑	☑	☑		☑	☑		☑			☑	☑
张君石棺	有	☑	☑	☑	☑	☑	☑	☑	☑	☑	☑	☑	☑	☑	☑
乐重进石棺	有	☑		☑		☑	☑	☑	☑	☑	☑	☑	☑	☑	☑
王十三石棺	有	☑			☑	☑	☑								☑
宜阳北宋石棺	有				☑	☑			☑			☑	☑	☑	☑
巩义西村石棺	有	☑	☑	☑	☑	☑	☑	☑	☑	☑	☑	☑	☑	☑	☑
巩义米河石棺	无				☑										

15	16	17	18	19	20	21	22	23	24	25	26	27	28	备注
赵孝宗	鲁义姑	郭巨	丁兰	闵损子	王武子妻	曾参	姜诗	刘明达	王亦	舜子	汉文帝	管鲍	五郡兄弟	
☑	☑	☑	☑	☑	☑	☑	☑							"姜诗"榜题为"诗母"
	☑		☑											
☑														
		☑		☑		☑			☑					泣墓者榜题"王亦" 卧冰者榜题"王相"
☑		☑		☑					☑					
												☑		（6幅）
☑	☑	☑		☑					☑					王哀泣墓
☑		☑								☑	☑			
☑	☑	☑	☑	☑	☑	☑	☑		☑					
☑	☑	☑	☑	☑	☑	☑								
☑		☑		☑		☑			☑					"鲍山"写为"包中"
						☑	☑		☑					"元觉"写为"袁觉"
☑	☑	☑	☑	☑	☑	☑	☑		☑					
☑	☑		☑		☑	☑	☑					☑		

第三类题材是佛、道、神仙绘画，绘制在墓内斗拱以上，应是升仙思想的反映。在此次收集的墓葬中，仅有黑山沟宋墓、高村壁画墓在墓葬斗拱之上的垂花柱之间绘有佛、道、神仙壁画，以表示引导墓主人升仙的意象。

第四类题材如雕砖的莲花、牡丹、狮子及透雕花纹窗棂等建筑装饰构件，其中透雕花纹窗棂有多种样式，如几何纹、莲花纹、菱形纹、川字纹、牡丹纹等等，这些仿木雕砖构件分布于墓葬建筑的构造细部，使砖砌的墓葬更加接近以木结构为主的墓主人生前居所。

第五类题材是仿木构建筑装饰彩画，如新安县宋四郎墓在墓葬建筑基本完成后在整个墓葬建筑的内墙面、斗拱等处施以彩画，进一步装饰、美化墓室。包括雕砖表面也会施彩落墨，尽显造墓人的高超建墓技术和艺术修为。

仁厚宋墓为平面呈靴形单室土洞墓，部分墓室及壁画在考古发掘时已被损毁，其墓室内绘制壁画时，是先在墓室周壁及墓顶绘制0.06—0.14米宽的墨色栏框，将墓室分割为若干个绘制单元，然后在单元格内绘制壁画，壁画内容除2幅门吏图外，其余为孝子图。

（四）石棺雕刻装饰题材布局

石棺上的雕刻装饰题材，概括起来分四类：一是表现墓主日常家居生活场面的画面；二是孝子故事图；三是对死后生活寄予美好祝愿的升仙图；四是起装饰作用并寓意美好、富贵的花卉与动物等图。

第一类题材，表现墓主人日常生活场景，主要分布于石棺的前档，有的在石棺后档也有表现。主要有：妇人启门图、夫妇开芳宴图、散乐图、收获图、侍卫图等。

第二类题材，孝子故事，多分布于石棺左右帮和后档，一般有榜题，在本书收集的六具石棺中，除米河半个店石棺的孝子故事无榜题外，其余石棺上的孝子故事俱有榜题。其孝子故事的数量从8幅到24幅不等。（见表三）

第三类题材，主要分布于石棺前档与两帮前半部。比如，张君石棺在前档门窗上部雕刻仙人导引墓主人升仙图，画面一持幡者在前，一翁、一妪、二女侍站立云端，两帮前半部分刻持幡仗、端果品、捧宝瓶的仙女，仙女长袖当风，周围祥云缭绕，仙鹤飞舞。再如，王十三石棺的前档上部刻两个双翼飞仙，飞仙之间有一烟雾缭绕的博山炉。乐重进石棺盖楣刻天女散花图，画面为三飞天，中间恭立一飞天，两侧相向二飞天，衣带飘扬，手托花篮作散花状。[1]

第四类题材主要穿插于石棺主要画像以外的空白地方，如棺盖两侧及周围、棺左右帮前后和上方、棺底前后及周围，内容主要有花卉、瑞兽、童子及祥云等图案。如乐重进石棺棺盖左右斜刹分刻鹿衔灵芝、狮子、飞凤鸟，下刻祥云，盖两侧厚面刻对称双环花叶形图案，后档四角刻宝相花，上边及左右刻缠枝牡丹，下边刻卷云纹。王十三石棺前档门之两侧以绶带悬金钱，金钱上坐着手持绶带的童男童女，下部左右有狮子一对，棺盖周围、棺底前后左右两边均刻大朵连枝牡丹花。宜阳石棺盖顶刻卷枝牡丹，四刹为缠枝牡丹，底座为连续卷云纹。张君石棺棺盖两侧刻连枝牡丹、攀枝童子及骑兽童子，棺下部四面浮雕仰覆莲，四隅各一托棺力士。[2]

1、2 卢青峰、张鸿亮，《洛阳地区出土宋代石棺刍议》，《四川文物》2009年第6期。

三、制作技法与艺术特点

(一)孝子故事雕砖的雕刻技法和艺术特点

雕刻是一门历史悠久的艺术,自古以来中国的玉雕、石雕、木雕等等雕刻种类不胜枚举,历史之久远,艺术成就之高,成果之丰富无须多言。雕砖作为古建筑技术中雕刻技艺的一个分支,随着宋代建筑技术的成熟,也越来越多地运用到古建筑中。因此,宋金时期的仿木结构墓葬中出现大量雕砖工艺是顺理成章的事。以本书收集的这几座出现孝子故事雕砖的墓葬来说,其中的雕砖不仅局限于孝子故事,更多是用来表现墓葬中仿木建筑构件,比如板门、格子门窗、卷帘、破子棂窗、格子门、立柱斗拱等,甚至表现墓主人生活场景的妇人启门图、散乐图、备宴图、杂剧图等,还有棺床和门窗上的饰件狮子、牡丹、童子、力士、莲花等。砖相比于石材更便于雕刻、运输和预制,而且在配合壁画、彩画运用到宋金仿木结构墓葬的装饰中后,可以使原本阴森的墓葬更加接近富丽堂皇的地面木结构居所。

本书收集的4座墓葬中的雕砖孝子故事,宋四郎墓的2幅浅浮雕孝子故事位于甬道须弥座上,左右壁各一相互对应,2幅孝子故事靠近墓门一侧各有一块侍者雕砖相互对应。浮雕之上还隐见残存的颜料,应当是当初建墓时的遗留。耐火厂宋墓的6幅孝子故事雕砖在墓室后壁和左右壁的斗拱间镶砌。该墓雕砖的突出特点是背景多以简略线条刻画,而主要人物形象皆为高浮雕,有些近似圆雕。伊川雕砖墓的6幅孝子故事在四扇四抹格子门下部的障水板内,所雕刻人物均刻画于壸门内。关林庙宋墓的23幅孝子故事共刻于10块雕砖上,位于阑额之上,雕刻技法应是线刻砖坯,然后烧制。总之,上述孝子故事雕砖在制作工艺上,是服从于古墓葬的整体,可能是提前预制或建墓时购置,这也更加说明,孝子故事在宋金时期流传之广。

(二)孝子故事壁画的绘画技法和艺术特点

本书所收集的5座绘有孝子故事的壁画墓,因无法亲见墓葬现场,其壁画制作工艺只能转述考古发掘相关叙述。其中,黑山沟宋墓、高村宋墓因相距较近,壁画内容、制作工艺均较为接近。制作方法是先在墓室内壁涂抹草拌泥做地仗层,其上涂白灰层,然后施彩作画,墓顶、建筑构件则直接在白灰层上绘出图案。高村宋墓壁画色彩种类、画工水平都不及黑山沟壁画墓,人物线条粗放,面部表情程式化,有些甚至男女不分。北元村宋墓壁画绘制前先用沉淀过的白石灰水涂刷甬道和墓室内壁,使整个墓室内壁呈白色,然后根据墓内不同位置绘出不同内容的壁画。壁画布局规整,色彩鲜艳明快,绘画技巧娴熟,内容丰富。仁厚宋墓壁画的地仗层制作方法与黑山沟宋墓一致,地仗层制作完成后,在其上绘墨色栏框,框内作画,画与画之间用墨色曲线隔开,每幅画面先用墨线勾勒,后落墨施红彩。

（三）孝子故事线刻的雕刻技法和艺术特点

本书收集的石棺上的孝子故事的雕刻技法均为单线阴刻勾勒技法，即先把石板表面打磨平整、光滑，然后参考已有的"粉本"或模板在石板上绘制线描图，再以斧、凿等坚硬工具在石棺表面刻画。大多数线刻、雕刻技法娴熟，刻画线条流畅，人物刻画生动、传神，表现出典型的宋代风俗人物画特征。6具石棺上虽然都有线刻孝子故事，但在具体的艺术处理手法上又有细微的差别。巩义西村石棺左右两帮线刻24幅孝子故事，在每一侧棺帮石块的四周先减地平雕牡丹卷云纹装饰图案，而后在这些图案合围而成的不规则梯形平面内，用细线刻画均分出上下两排，每排6个的空格，在空格内线刻24孝故事和榜题。而且，孝子故事的榜题字迹刻画劲健有力而显得不容置疑，对孝子故事画面的展现则往往以刻画主要人物形象为主，其他诸如人物骑的马匹、手执的拐杖等附属事物则略显粗疏，仅为示意，甚至与人物相比，出现比例不匀、不协调的现象。张君石棺上的24孝子故事出现在棺左右帮后部和棺后档，可能由于刻绘空间有限，孝子画面相互衔接较为紧密，相比于其他几例，有些孝子故事的人物数量也有所减少。巩义米河半个店石棺上的8幅孝子故事在棺的左右帮，尺幅相对比较大，人物刻画较为传神，但是没有榜题，而且由于石棺多处断裂，影响了其艺术观感。

四、结论

据明确的记载，北宋时期品官"诸葬不得以石为棺椁及石室，其棺椁皆不得雕镂彩画、施方牖槛，棺内不得藏金宝珠玉"。从目前的考古发掘情况看，北宋早、中期墓葬中形制规模较大，有壁画、简单仿木构件、石门或石椁者，墓主身份较高，如太宗元德李后陵为近圆形的仿木构单室砖墓，直径7.95米，高12米多，有石门、仿木构件及砖雕彩绘；魏王赵夫妇合葬墓为圆形仿木构单室砖墓，直径6.54米，高6.48米，两道墓门，门上有石构件及仿木构件；宰相富弼夫妇合葬墓为圆形单室砖墓，直径5米，有石椁室，由于损毁严重，仅发现有少量壁画。此处与"勋戚大臣薨卒，多命诏葬，遣中使监护，官给其费，以表一时之恩"的记载相一致，即葬者有特诏并在中使监护的情况下方可越制。

从收集到的洛阳地区墓葬、石棺上发现的孝子故事文物来看，孝子故事在宋金时期的洛阳流传非常广泛，在墓葬中或是石棺上镶砌、绘画或是雕刻孝子故事是十分普遍的做法，这显现了"孝"文化在统治阶级倡导和社会主流文化的引导下的深入人心。这些孝子故事虽然因为墓葬或石棺的不同，其数量的多少，制作的精粗等方面有较大的区别，但是其孝子故事的典型事例却有较大的重合，每一个孝子故事的画面也往往有典型的场景，体现了"二十四孝"故事的趋同。无论是雕砖、壁画，还是石棺上的孝子故事，在当时创作的工匠中应该是有可供参阅、描摹的范本，每次创作都可以参考使用。

这些孝子故事中也有些差异现象，例如同一孝子故事可能有多个主人公，比如"闻雷泣墓"，除了通常所知的"蔡顺"之外，还有榜题"王亦"的，有考证为"王裒"的，表现的都是泣墓的画面。这可能是不同的地区，不同的流传途径，形成的不同结果。有的相同孝子故事的榜题人名却有差异，甚至是差错，比如，"杨香"有刻为"杨昌"，"韩伯瑜"又有写作"韩伯渝""韩伯俞"的，可能是刻绘的工匠知识水平有限，只是依范本照抄，时有缺漏谬误出现。当然，由于艺术表现力的差别，壁画、雕砖、线刻的艺术水准也是良莠不齐的，从本书收集的这15组孝子故事来看，总体来说，壁画所反映的故事细节、人物动态、衣服器具、周围景物应是最为丰富的，其次是线刻，再次是雕砖。黑山沟宋墓、高村宋墓、北元村宋墓可为例证，大概是因为绘画相较于雕刻要更容易表现细节。

涉村宋墓所表现的"五郡兄弟"孝子故事是较为少见的，在此认同张保卿先生的观点，认为其所表现的供养孝敬义母与义子之间没有血缘关系，双方的关系从性质上就与其他孝子故事不同。由此推断该墓建墓者可能是墓主人的义子女，与墓主人之间没有血缘关系。这一事例更加说明了宋金时期"孝"文化的影响。

石棺上雕刻的各类题材的内容、布局、象征意义，应当是对同时期流行的仿木结构砖室墓的浓缩和模仿，两者在表达意和艺术空间营造上，既有区别又有相似。仿木结构砖室墓墓葬是向内围合的建筑空间，其装饰艺术空间根据墓葬建筑布局模仿了墓主人生前居所的庭院格局，而石棺是用来收殓葬者的，考虑入葬者头部朝向的位置、身高等因素，其装饰艺术展示空间在石棺的外部四周、底座及棺盖顶部。所以，在装饰题材有较大程度相似的基础上，两者又各有特点。在石棺上，棺前档和棺盖前部的棺楣绘制墓主人生前生活场景或妇人启门图、门吏图等，应是将石棺比做了墓主人的葬后居所；棺前部又被认为是灵魂出入之处，仙人引导升仙等图案也绘制于此，表现墓主人向往其死后升仙的美好愿望。而大量孝子故事在石棺上的刻绘则表明宋金时期，"孝"文化在统治阶级倡导下，在儒、释、道三教的一致推崇和共同加持下，在中原地区平民阶层中的广泛流传，和社会主流文化的地位。

北宋中期以后，随着社会经济的发展，商品经济的繁荣，在中原地区，特别是经济发达富庶的开封与洛阳之间，平民阶层的经济实力日益增强，在"事死如事生"观念的支配下，在"孝"文化的倡导下，墓主人或其后人，有意愿将其按规制能够营建的2—3平方米的墓室，视同生前居所一样建成雕梁画栋的地下豪宅，既显示其生前生活的富足，又表达对富裕生活的眷恋以及死后继续享用奢华的祈愿；同时，北宋时期建筑技术的成熟，包括整个建筑领域分工协作的成熟化，也促进了这些雕砖墓、壁画墓的出现。正如宋四郎墓铭文砖中所述，不仅有砖作人，还有画墓人。推测其雕砖制作，也有专门的人甚至有专门的作坊，建墓时，可根据需要选择。本书收集的这些北宋晚期的石棺，同样为富民阶层所使用，应该是对仿木砖室墓的微缩与模仿，故而其雕刻精美、生活气息浓厚，题材相仿，表达的意境和祈愿也相一致。

目 录

第一章 洛阳宋金墓葬中的孝子故事雕砖 … 1
一、新安县宋四郎壁画墓 … 2
（一）墓葬形制 … 2
（二）孝子故事砖雕 … 6
二、洛阳洛龙区关林庙宋代砖雕墓 … 7
（一）墓葬形制 … 7
（二）孝子故事雕砖 … 8
三、洛阳涧西耐火材料厂北宋砖室墓 … 19
（一）墓葬形制 … 19
（二）孝子故事雕砖 … 20
四、洛阳伊川雕砖墓 … 24
（一）墓葬形制 … 24
（二）孝子故事雕砖 … 27

第二章 洛阳宋金石棺上的孝子故事线刻 … 31
一、洛阳北宋张君墓画像石棺 … 32
（一）墓葬形制 … 32
（二）孝子故事图案 … 32

二、洛宁北宋乐重进画像石棺 　　45
（一）石棺形制 　　45
（二）孝子故事图案 　　45

三、北宋王十三画像石棺 　　56
（一）石棺形制 　　56
（二）孝子故事图案 　　56

四、巩义西村宋代石棺 　　60
（一）石棺形制 　　60
（二）孝子故事图案 　　62

五、宜阳北宋画像石棺 　　75
（一）石棺形制 　　75
（二）孝子故事图案 　　75

六、巩义米河半个店宋画像石棺 　　79
（一）石棺形制 　　79
（二）孝子故事图案 　　79

第三章 洛阳宋金壁画墓中的孝子故事壁画 　　85
一、登封黑山沟宋代壁画墓 　　86
（一）墓葬形制 　　86
（二）壁画 　　87
（三）孝子故事壁画 　　89

二、登封高村壁画墓 — 93
（一）墓葬形制 — 93
（二）壁画 — 94
（三）孝子故事壁画 — 96

三、巩义涉村宋代壁画墓 — 100
（一）墓葬形制 — 100
（二）壁画 — 101
（三）孝子故事壁画 — 101

四、宜阳仁厚宋代壁画墓 — 104
（一）墓葬形制 — 104
（二）壁画 — 104
（三）孝子故事壁画 — 105

五、嵩县北元村宋代壁画墓 — 111
（一）墓葬形制 — 111
（二）壁画 — 113
（三）孝子故事壁画 — 113

附录一 — 122

附录二 — 124

参考文献 — 143

后记 — 144

—— 新安县宋四郎壁画墓

—— 洛阳洛龙区关林庙宋代砖雕墓

—— 洛阳涧西耐火材料厂北宋砖室墓

—— 洛阳伊川雕砖墓

第一章 洛阳宋金墓葬中的孝子故事雕砖

根据考古发掘成果,洛阳已发掘宋金墓葬中有4座墓葬出现用雕砖这一艺术形式表现的孝子故事,这些雕砖雕刻精美、主题突出,有较强的艺术表现力,具有很高的历史、艺术、考古价值。这四座墓葬分别是:新安县宋四郎壁画墓、洛阳洛龙区关林庙宋代砖雕墓、洛阳涧西耐火材料厂北宋砖室墓、洛阳伊川雕砖墓,现分别予以介绍。

第一章 洛阳宋金墓葬中的孝子故事雕砖

一、新安县宋四郎壁画墓

（一）墓葬形制

新安县石寺李村宋四郎壁画墓（以下简称"宋四郎墓"）发掘于1984年，后被拆解迁建至洛阳古墓博物馆。宋四郎墓原分为阶梯墓道、墓门、甬道、墓室等若干部分，现由复建墓道、墓门、甬道、墓室四部分组成，为仿木建筑砖室墓。

该墓尚未发表较详细的发掘清理简报，2013年7月，北京大学考古文博学院师生对洛阳古墓博物馆展示的宋四郎墓进行了详细测绘，并将测绘成果，整理如下。

复建墓道长2.05米，宽2.18米，上部为土洞券顶。墓门为仿木结构形式，总高2.77米，总宽1.97米。底部为须弥式基座，高0.56米，以十层条砖叠造而成，从叠涩至束腰都是方角的层层支出和收进，素平无雕刻。须弥座上左右端头收入一砖，于内侧出壁柱两根，高1.39米，为并排三层条砖错缝立砌而成，两侧砖另于外侧做出45°抹斜。柱间砌条砖一层，为仿木构阑额。倚柱、阑额之内砌出上额、槫柱一层，其内砌筑门额和立颊，立颊由300×80×45毫米的条砖立砌而成，门额不见砖缝痕迹，似为迁建后补砌，门额中部有门簪四个（中间两个已遗失），门簪为矩形，上浮雕四瓣柿蒂纹。中间为矩形门洞，宽1.08米。柱上平砖顺砌条砖一层，为仿木普拍枋。普拍枋上与柱头对位分别置柱头铺作两朵，其间置补间铺作两朵，朵当距离分别为0.47、0.43、0.48米。墓门斗拱为四铺作单杪的形式，华拱上承托令拱，出蚂蚱型耍头，扶壁单拱承枋。从斗拱加工方式来看，垂直壁面方向构件，如华拱、耍头、齐心斗，为一块整砖加工而成。而开间方向构件，如令拱、泥道拱，为两块整砖加工而成。两补间铺作内侧泥道拱和令拱均被截断，其间嵌入方形铭砖一块，上书"宋四郎家外宅坟，新安县里郭午居住。砖作人贾博士、刘博士，□住张窑同共砌墓。画墓人杨彪，宣和八年二月初一大葬记"。墓门仿木斗拱上置条砖，平砖顺砌错缝两层，为仿木橑檐枋，下部一层砖向外一面底部斫做混状。其上为单层仿木檐椽，圆形截面，采用预制模砖铺砌，每块砖刻出檐椽两根。檐椽上置仿木仰覆板瓦一层，均为预制模砖铺砌，仰瓦为整块砖制成，后部与砖相连，覆瓦为两砖块拼

第一章 洛阳宋金墓葬中的孝子故事雕砖

合而成。板瓦层后方上部平砖顺砌错缝两层条砖，其上方侧砖顺砌一层条砖，为仿木正脊。

甬道长 1.63 米，分为前后两部分，前部长 0.86 米，似为墓门的延伸部分，底部平砖顺砌错缝条砖十层，对应外部须弥座，但各层砖竖向对齐，未做出须弥座。其上立砌方砖四层，形成仿木门扇的形式，宽 0.51 米，高 1.13 米上为拱券顶，门扇后部顺砌条砖二十层，砖长 163 毫米，与门扇高度齐平。门扇上方砌条砖一层，其上用方砖砌出三角两面坡顶，顶部距地面 2.09 米。甬道后部长 0.77 米，底部两侧为重层须弥式底座。下层须弥座高九层砖，素面无装饰，底层两层条砖方角收进，其上束腰五层砖。束腰底部为两层顺砌条砖，上置侧砌条砖，束腰上方支出一层条砖。上层须弥座高六层砖，底部一层条砖，斫出混线，上浮雕覆莲瓣纹，其上收进束腰，为条砖侧砌间隔条砖丁砌的形式，侧砌砖上浮雕壸门形象，束腰上方支出条砖三层，自下而上分别浮雕叶片纹、仰莲瓣纹和滴水纹，第二层砖斫出混线。须弥座上两侧分别立砌方砖三块，其间间隔丁砌砖，两侧方砖各有两幅浮雕图像。方砖上方顺砌条砖一层，浮雕叶片纹。浮雕条砖之上平砖顺砌七层，其上用丁砖起券，形成砖砌券顶，券顶距地面 1.88 米。砖块尺寸为 310×160×56 毫米。

墓室为八角形平面，边长 1.12－1.24 米不等，高 3.75 米。墓室地面以方砖和条砖铺地，方砖 0.3×0.3 米，条砖 0.31×0.16 米，地面铺砌似无规律。墓壁底部为须弥式底座，形式同甬道后部上层须弥座，高 0.56 米。须弥座上墓室每角出壁柱一根，下有圆形柱础，柱础浮雕仰莲纹，仿木壁柱为四方抹角形式，高 1.36 米，做法同墓门柱。壁柱柱头间砌条砖二层，为仿木阑额。壁柱间每面壁面进行砖雕彩绘装饰。壁柱上方置普拍枋，其上置砖砌仿木构斗拱，每角置柱头斗拱一朵，每面中间置补间铺作一朵。铺作总高 1.09 米，柱头铺作和补间铺作采用相同的铺作形式，为六铺作双杪单下昂计心单拱的形式，除泥道和第一跳跳头采用横拱的形式，其余跳头均使用翼型拱，除泥道拱外，柱头铺作和补间铺作的跳头横拱均两两相交，横拱上散斗为相邻铺作共用。铺作斗类构件均做出斗耳和斗凹，拱类构件均斫出拱瓣，昂作琴面，底部平直微上斜，耍头为蚂蚱头型，鹊台为竖直面，翼型拱作三瓣。斗拱彩画保留完整。斗拱上承仿木构椽檐枋，为三层砖厚，最下一层砖斫出混线。椽檐枋上铺砌棱角牙子一层，共铺条砖 23 块。其上铺砌条砖一层，共铺 25 块，砖块斫作莲花瓣型，围合成圆形。墓顶用 15 层条砖顺砌作平滑半圆形穹窿顶。

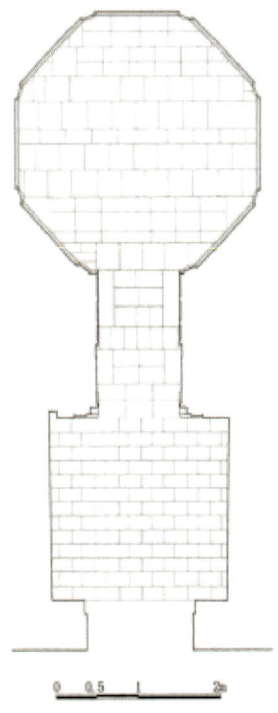

新安县宋四郎壁画墓现状平面图

新安县宋四郎壁画墓墓门

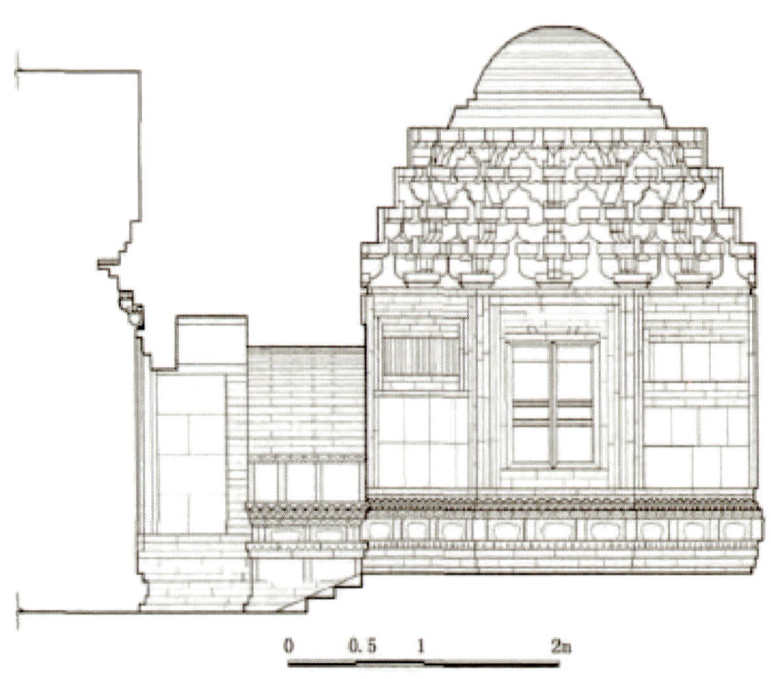

新安县宋四郎壁画墓剖面图

第一章 洛阳宋金墓葬中的孝子故事雕砖

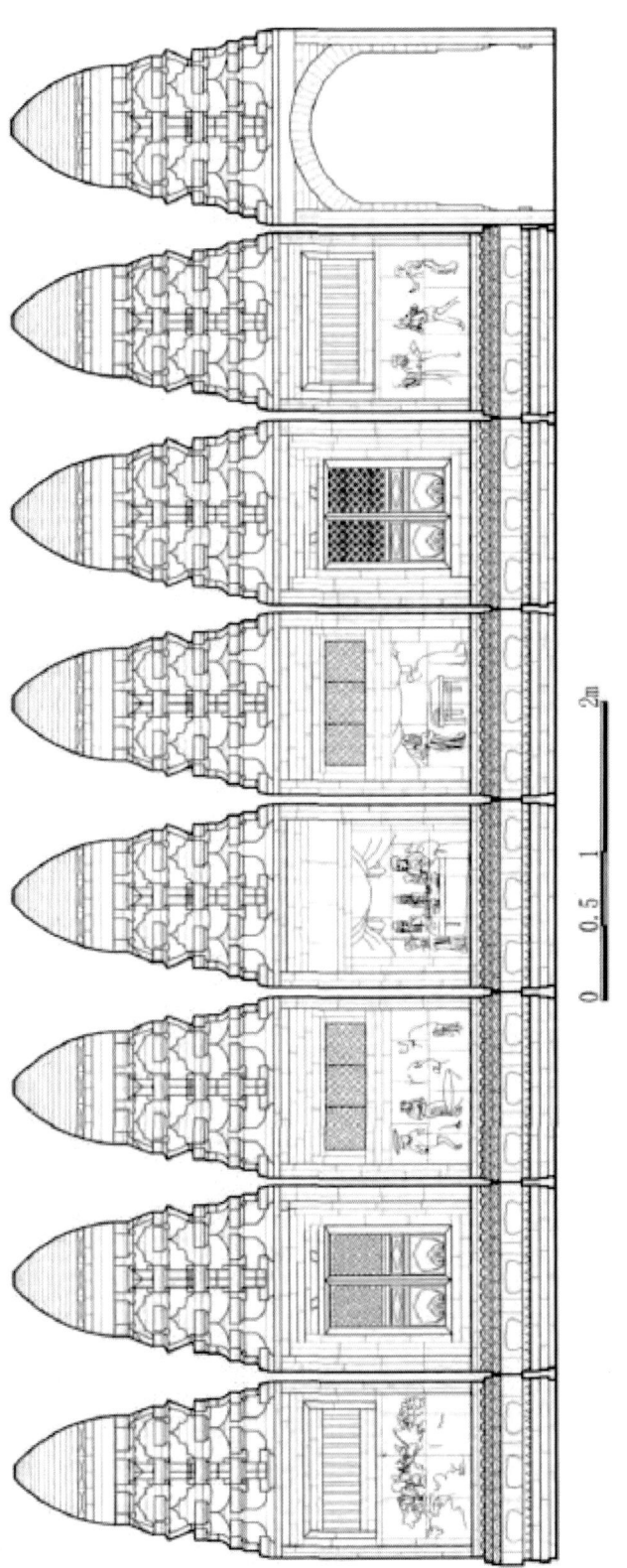

新安县宋四郎壁画墓壁画展开图

（二）孝子故事雕砖

两幅孝子砖雕位于甬道须弥座的东、西两壁上，这两幅雕砖上原有施彩，现已漫灭不清。

1 | 哭竹生笋

◎ 图一长 28、高 27 厘米，位于西壁北侧，雕刻一男子头戴幞头，身着宽袖长袍，坐于两株高竹之下，左手屈臂以袖掩面，似在擦试泪水，右手伸出抚摸竹子枝干。两株高竹后侧有嫩竹从地面冒出。

2 | 闻雷泣墓

◎ 图二长 28、高 27 厘米，位于东壁北侧，雕刻一男子头戴幞头，身着宽袖长袍，双手抱扶一坟墓，弯腰作哭泣状。

图一 1 哭竹生笋线描图

图二 1 闻雷泣墓线描图

图一 2 哭竹生笋图

图二 2 闻雷泣墓图

二、洛阳洛龙区关林庙宋代砖雕墓

(一)墓葬形制

2009年10—11月,洛阳市文物工作队在配合钢厂医院基建中发掘了一座宋代墓葬,位于洛龙区关林庙东南,伊河以北,紧邻焦枝铁路。

洛龙区关林庙宋墓为一座仿木结构单室砖墓,由墓道、甬道和墓室三部分组成。墓道发掘部分长2.4、宽1.2米,南端已露出两级台阶,均长1.2、宽0.33、高0.24米,台阶与墓门之间的墓道底平坦,推测墓道为阶梯式斜坡状,其填土中夹杂大量鹅卵石。

甬道进深小,平面为方形,宽0.78、进深0.73、高1.52米。东西两壁及弧形单层券顶均砖砌,甬道南口即为墓门,上方砌出4枚门簪,中间2枚为方形,外侧2枚为圆形。墓门用三层砖封堵,从底部开始采用人字形斜列至起券处改为错缝平砌。

墓室底平面呈八边形,直径2.8、距地表7.2米。墓顶因被盗扰已塌毁,形状不明,墓室残高2.06米。砖砌棺床东西向居于墓室正中,平面呈长方形,四边与墓壁均不相接,长2.12、宽1.1、高0.42米。侧面砌成叠涩座式,束腰一层用砖雕装饰,纹饰为莲花和牡丹。砖分别长35.6和38、宽7和7.5厘米。棺床与甬道之间设一砖砌长方形祭台,与棺床相接,且正对甬道,长0.5、宽0.4、高0.42米。棺床上可见部分棺灰痕迹,人骨已朽,葬式不明。

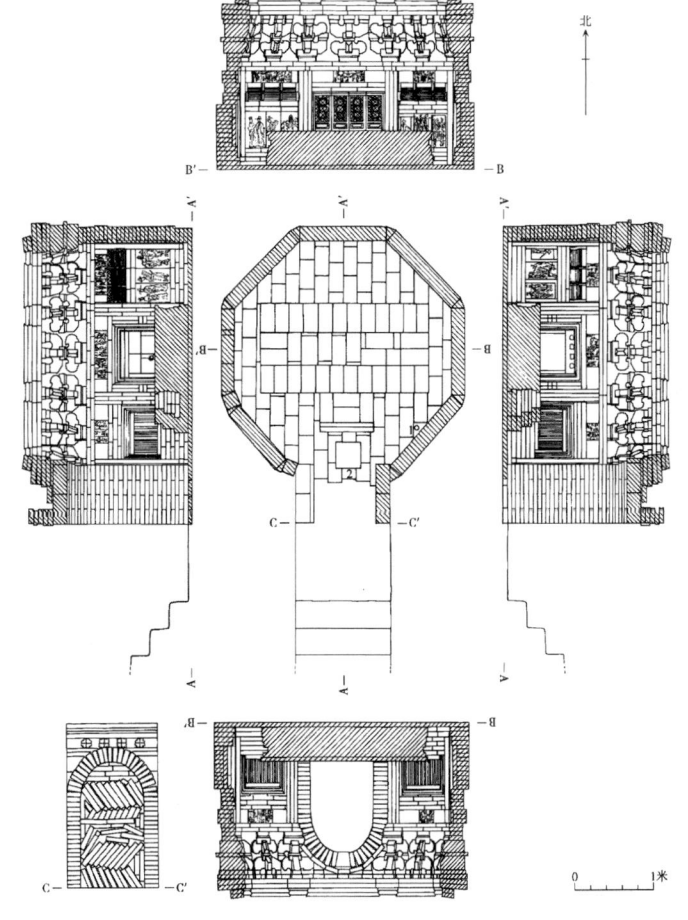

洛阳洛龙区关林庙宋代砖雕墓平、剖面图

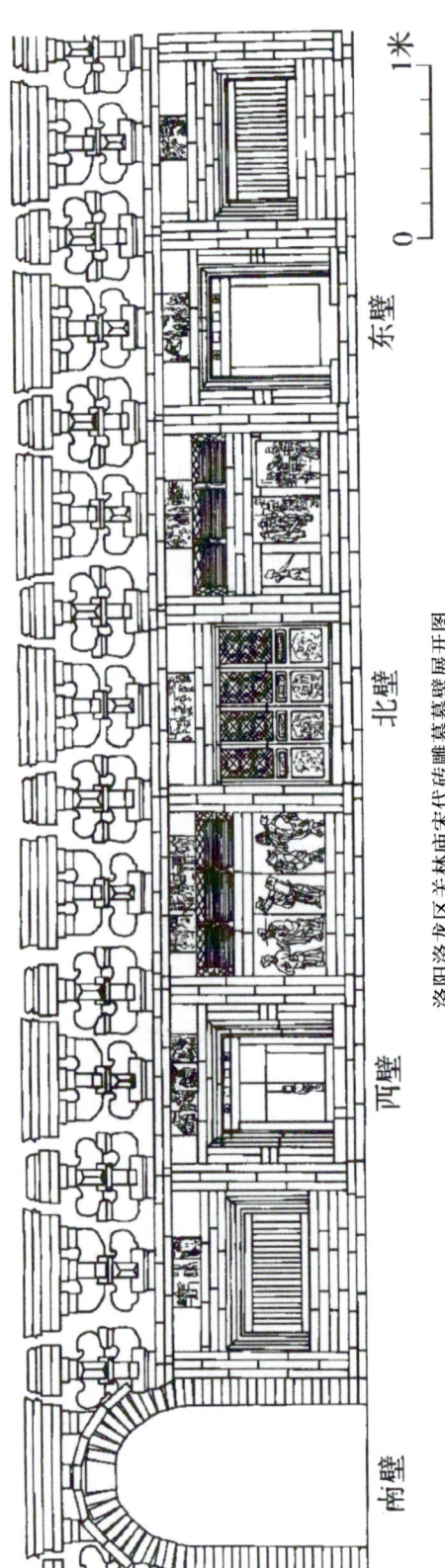

洛阳洛龙区关林庙宋代砖雕墓壁墓壁展开图

（二）孝子故事雕砖

孝子图雕砖嵌于阑额中部，共计23幅孝子图，22幅有题记，剩余一幅从画面人物动作及背景可分辨。图一至三位于墓室北壁阑额中部，砖长39.2、宽15.8厘米。图四至六位于墓室东北壁阑额中部，砖长39、宽16厘米。图七至九位于墓室东壁阑额中部，砖长39.8、宽16.3厘米。图十至十一位于墓室东南壁阑额中部，砖长26.3、宽16.1厘米。图十二至十四位于墓室西南壁阑额中部，砖长40、宽16.2厘米。图十五至十八位于墓室西壁阑额中部，图十五、十六雕刻于一整块砖上，砖长25.5、宽15.8厘米；图十七砖长16.8、宽16.4厘米；图十八砖长17、宽16.7厘米。图十九至二十三位于墓室西北壁阑额中部，图十九、二十雕刻于一整块砖上，砖长27.7、宽16厘米；图二十一、二十二、二十三雕刻于一整块砖上，砖长39.7、宽15.8厘米。

1 老来行孝图

◎ 榜题"老来",戏彩娱亲行孝。右侧屏风前方桌上放有壶、盘等,桌两侧分坐年迈夫妇,老夫头戴员外帽,穿长袍,腰束带坐于圆凳上;老妇头梳髻,穿交领长衫而坐,左侧一穿长袍男子右膝跪地,左手持鼓,右手执槌作敲击状,面前置碗、盏等。

2 元觉行孝图

◎ 榜题"元觉",拉舆劝父行孝。一骨瘦如柴老者赤身坐在断崖上,崖下一男子左手拉舆,右手指着面前另一男子作论理状,所指男子作辩解状。

图一 1 老来行孝线描图　　　　　　图二 1 元觉行孝线描图

图一 2 老来行孝图　　　　　　图二 2 元觉行孝图

| 3 | 陆绩行孝图

◎ 榜题"陆绩",怀橘行孝。一老者着宽袖右衽长衫坐于树下,面前一少年双手捧橘躬身相送。

| 4 | 董永行孝图

◎ 榜题"董永",卖身葬父行孝。右侧一男子头包巾,着圆领长袍,双袖挽起,抱拳而立,面前置一圆形三足凳,左侧一朵团云,云头之上站立一梳髻戴花宽衣博带的仙女,表现董永卖身葬父遇仙女的故事。

图三 1 陆绩行孝线描图

图四 1 董永行孝线描图

图三 2 陆绩行孝图

图四 2 董永行孝图

5 | 田真行孝图

◎ 榜题"田真",哭荆行孝。三名男子均头戴冠,穿圆领长袍围树而泣,一人举手向树上张望,一人拂袖掩面痛哭,一人扶树干向上看去。树枯枝,周围飞鸟盘旋,树下落满金银宝物,表现了田真于紫荆树下劝说两弟不宜分家的故事。

6 | 王祥行孝图

◎ 榜题"王祥",卧冰行孝。山林间一赤裸上身男子侧卧于冰面上,双眼向下注视,两条鲤鱼已将鱼头露出水面。

图五-1 田真行孝线条图　　　　图六-1 王祥行孝线描图

图五-2 田真行孝图　　　　图六-2 王祥行孝图

| 7 | 刘殷行孝图

◎ 榜题"刘殷"。团云之上一仙人头戴冠,身穿铠甲,正把宝物抛出,下跪一人,长袍束带,双手前伸作接物状。

| 8 | 鲍山行孝图

◎ 榜题"鲍山",行乞供母行孝。一男子头戴巾,穿圆领短衣、长裤,肩背一坐于竹篓内的老妪,面前一行两人,其中一人头裹巾,穿短衣长裤,双手捧包袱;另一人头戴冠,身穿铠甲,骑于马上。

| 9 | 韩伯瑜行孝图

◎ 榜题"韩伯瑜母",受母杖责行孝。一老妪头梳团髻,穿直领长衫,坐于屋檐下的圆凳上,左手拿杖,右手前伸。一女子笼袖立于身旁。老妪面前的男子头戴幞头,穿圆领长袍,向老妪拱手作揖,表现了韩伯瑜怜母年老,受杖不痛的故事。

图七 1 刘殷行孝线描图　　图八 1 鲍山行孝线描图　　图九 1 韩伯瑜行孝线描图

图七 2 刘殷行孝图　　图八 2 鲍山行孝图　　图九 2 韩伯瑜行孝图

|10| 杨香行孝图

◎ 榜题"杨香",扼虎救父行孝。一人身穿长袍,披飘带骑于猛虎背上,双手紧抓虎头,老虎体壮,四肢撑地,长尾后翘做挣扎状,旁边穿长袍的老者作惊慌奔逃状。

|11| 睒子行孝图

◎ 榜题"睒子",鹿乳奉亲行孝。一男子头戴纶巾,身穿圆领长袍,右手前伸,左手握弓箭,骑于马上,旁边一侍者马下步行,双手扶一杆旌旗;马前蹲一人,此人头上长角,身披兽皮。表现了睒子衣鹿皮入山取乳的故事。

图十 1 杨香行孝线描图　　　　图十一 1 睒子行孝线描图

图十 2 杨香行孝图　　　　　图十一 2 睒子行孝图

| 12 曹娥行孝图

◎ 榜题"曹娥",哭江寻父行孝。一人身穿圆领长袍,腰系带,左手持竹竿下垂,右手掩面站立江边哭泣。

| 13 孟宗行孝图

◎ 榜题"孟宗",哭竹行孝。竹林内一男子身穿宽袍,单膝跪地,一手扶竹,一手掩面作痛哭状。

| 14 蔡顺行孝图

◎ 榜题"蔡顺",闻雷泣墓行孝。一男子头裹巾,身穿圆领长袍,面向封树的坟头而泣。

图十二 1 曹娥行孝线描图　　　图十三 1 孟宗行孝线描图　　　图十四 1 蔡顺行孝线描图

图十二 2 曹娥行孝图　　　图十三 2 孟宗行孝图　　　图十四 2 蔡顺行孝图

|15| 赵孝宗行孝图

◎ 榜题"赵孝宗",舍己行孝。左侧一将军穿铠甲手执剑,坐在大石之上,身旁站立一名随从,手持一杆大旗,画面右侧站立两人,身穿短袄长裤,拱手弯腰面向将军。

|16| 鲁义姑行孝图

◎ 榜题"鲁义姑",弃子行孝。右侧一人头戴冠,身着铠甲,右手前伸指向画面左侧女子,左手持缰绳,骑于马上;随从头裹巾,身着甲,双手握一杆大旗站立一旁;左侧女子高髻长衫,怀抱婴儿,面向骑马之人。

图十五 1 赵孝宗行孝线描图　　图十六 1 鲁义姑行孝线描图

图十五 2 赵孝宗行孝图　　图十六 2 鲁义姑行孝图

17 郭巨行孝图

◎ 榜题"郭巨",埋儿行孝。图中左侧男子身着圆领短袄,腰束带,下着裤,右手扶锹,左手平举,脚下土堆中有宝物外露,瑞气升腾;右侧站立一梳高髻,穿长裙,怀抱婴儿的妇人。

18 丁兰行孝图

◎ 榜题"丁兰",刻木事亲行孝。左侧一名妇人梳髻着直领长衫,笼袖端坐于榻上,前置一桌,放有茶盏、盘等。桌前站立夫妇二人,男子头戴幞头,身穿圆领长袍,腰系带,躬身而立;女子头梳髻,着窄袖直领长衫。

图十七 1 郭巨行孝线描图

图十八 1 丁兰行孝线描图

图十七 2 郭巨行孝图

图十八 2 丁兰行孝图

|19| 闵损子行孝图

◎ 榜题"闵损子",单衣顺母行孝。左侧一男子头戴幞头,身着圆领袍服,腰系带,左手伸出指向右侧一女子,两人作话语状;这名女子梳髻,穿长衫,拱手躬身,身后站立两名儿童;画面上方一老妪梳高髻,着直领长衫,右手伸出。

|20| 王武子妻行孝图

◎ 榜题"王武子妻",割股奉亲行孝。右侧屋内一老妪身穿交领长衫,笼袖盘坐于榻上;左侧一名头梳高髻,着直领长衫的妇人坐在地上,左腿弯曲,裤脚挽起,右手持刀作割肉状。

图十九 1 闵损子行孝线描图　　图二十 1 王武子妻行孝线描图

图十九 2 闵损子行孝图　　图二十 2 王武子妻行孝图

| 21 | 曾参行孝图

◎ 榜题"曾参",啮指行孝。一老妪头梳高髻,穿直领束胸长衫,左手屈伸,右手执杖站立。面前一男子短衣窄裤,拱手躬身做行礼状,身旁放一担木柴。

| 22 | 诗母行孝图

◎ 榜题"诗母",孝母涌泉行孝。一老妪梳髻,穿交领右衽长衫,右手屈伸至额头处,躬身,双目注视下方,泉水内三鱼露头。表现了姜诗孝母,涌泉跃鲤的故事。

| 23 | 刘明达行孝图

◎ 无榜题。左侧一戴幞头,身穿圆领长袍的男子,怀抱婴儿骑于马上;马后站立一侍者,双手捧物。右侧一女子梳高髻,身着窄袖长衫,双臂伸向婴儿。据内容判断应为刘明达卖子行孝图。

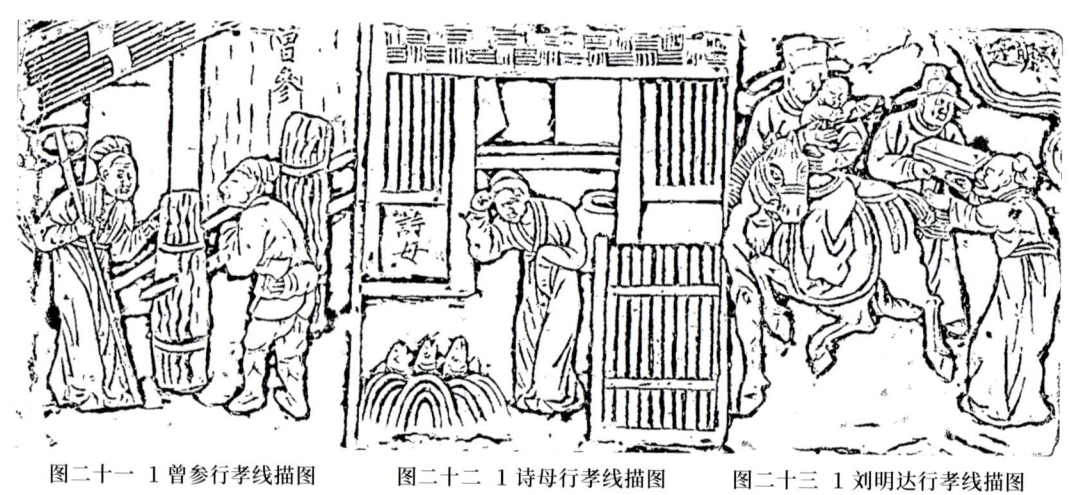

图二十一 1 曾参行孝线描图　　图二十二 1 诗母行孝线描图　　图二十三 1 刘明达行孝线描图

图二十一 2 曾参行孝图　　图二十二 2 诗母行孝图　　图二十三 2 刘明达行孝图

三、洛阳涧西耐火材料厂北宋砖室墓

（一）墓葬形制

1984年在洛阳市涧西区耐火材料厂发现一北宋砖室墓，后迁至洛阳古墓博物馆。该墓由墓道、墓门、甬道和墓室四部分组成。甬道由小砖砌券，拱顶，墓室平面呈正方形，四角砌倚柱，柱头上砌转角斗拱，四壁上部正中另砌有补间斗拱。斗拱以上部分为八角形，砌砖逐层内收，叠涩而上，共有六层，至墓顶中心收成八角小平顶。

洛阳涧西耐火材料厂北宋砖室墓墓门

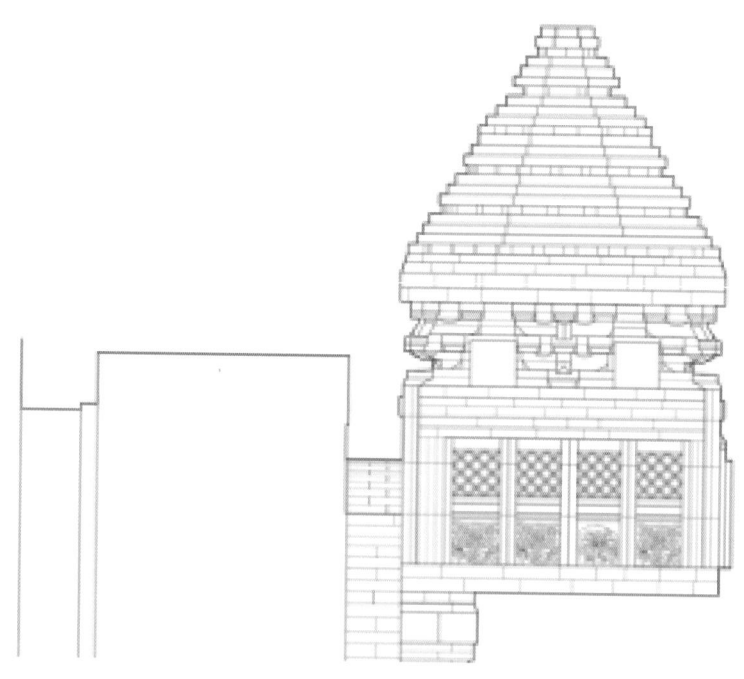

洛阳涧西耐火材料厂北宋砖室墓正视图、剖面图

洛阳涧西耐火材料厂北宋砖室墓墓室壁面展开图

（二）孝子故事雕砖

后壁和左右壁的斗拱间各镶砌两幅浮雕孝子图方砖，共六块。这些孝子故事雕砖画面的突出特点是背景简略，人物形象皆为高浮雕，有些近似圆雕。

第一章 洛阳宋金墓葬中的孝子故事雕砖

1 | 曹娥行孝图

◎ 画面右侧高浮雕刻出一女子立于江边，左臂抬起欲掩面，右臂伸向左下方半环于腰侧，面向水面，似在哭泣。江中水波翻涌，有一鱼跃出水面，似为显示江水之盛大。

2 | 董永行孝图

◎ 画面中高浮雕二人，其中一人立于左下角，身着右衽长袍，双手笼袖于胸前，身形微向左转，面部漫漶不清，似向右上方仰望。右上方刻一仙人着长裙立于云端。背景可见线刻云气升腾。

图一 1 曹娥行孝线描图

图二 1 董永行孝线描图

图一 2 曹娥行孝图

图二 2 董永行孝图

3 | 鲁义姑行孝图

◎ 画面右侧一人头戴冠，身着铠甲，双臂下垂，右手略侧指向地面一小儿，背后可见一马头、一随从（面部）及一斜插大旗。画面左侧一女子，高髻长衫，怀抱婴儿，面稍向右侧，似目视着铠甲者。地面上婴儿，漫漶难识。

4 | 丁兰行孝图

◎ 画面右侧刻一妇人梳髻着长衫，面向左侧而坐，前置一案，似有放物。左侧刻夫妇二人站立于案左，男子头戴幞头，身穿圆领长袍，躬身而立；女子头梳髻，着窄袖直领长衫，两臂相交立于男子身后。

图三 1 鲁义姑行孝线描图

图四 1 丁兰行孝线描图

图三 2 鲁义姑行孝图

图四 2 丁兰行孝图

第一章 洛阳宋金墓葬中的孝子故事雕砖

| 5 | 孟宗行孝

◎ 画面右侧高浮雕刻出孟宗哭竹形象,身着长袍,微向左侧前倾,右臂抬起,以袖掩面作痛哭状,身下放一竹篮。画面左侧浅刻竹林,地下有若干竹笋生出。周边饰以云气。

| 6 | 王祥行孝

◎ 画面高浮雕刻出两人,一男子赤裸上身与双腿侧卧于冰面上,双眼向下注视,右腋下两条鲤鱼已将鱼头露出水面。画面右上方刻一男子,身着左衽长袍,右手伸出指向前方。

图五 1 孟宗行孝线描图

图六 1 王祥行孝线描图

图五 2 孟宗行孝图

图六 2 王祥行孝图

四、洛阳伊川雕砖墓

(一)墓葬形制

2003年1月,洛阳市伊川县葛寨乡沙元村村民在村内打井时发现一座金代砖雕墓。该墓为单室砖砌仿木结构穹隆顶墓,坐北朝南,方向185°。由墓道、甬道、墓室三部分组成。墓道位于甬道之南,宽0.56米,呈斜坡状,坡度46°。但墓道大部分位于现代房基之下,无法发掘,因此长度不明。

封门砖位于墓道北端,与甬道相距0.18米,侧立13层,逐层内收至甬道顶。高1.69、宽0.51米。砖长30、宽13、厚5厘米。甬道位于墓道与墓室之间,两壁为单砖错缝平砌,顶部为拱形券。长0.78、宽0.48、高1.58米。

墓室位于甬道之北,平面近似方形,南北长2.2、东西宽2.12、高2.86米。墓室前部中央东西长0.74、南北宽0.3米的范围与甬道底平,形成"凹"字形棺床,高出甬道0.4米。棺床大部分为长方形砖对缝平铺,砖长30、宽13、厚5厘米,仅内凹一周为方砖平铺。砖边长30、厚5厘米。棺床上有3具人骨架,均为仰身直肢,北部2具头朝西,东侧1具头朝北。

墓壁与棺床连接,用砖砌作仿木结构。四角有单层柱础,之上为方形抹角倚柱,高1.4米。柱承普柏枋。柱间阑额及普柏枋抹白灰,阑额涂黄,枋涂朱。

南壁中央为甬道内门,门高1.45、宽0.84米。有门砧、立颊、门额、上额及柱。门两侧中部各有一长方形破子棂窗,其内竖砌破子棂5枚。窗高0.29、宽0.5米。窗框、棂条等均涂朱。

北壁中央为双扇板式门,每扇各有5行瓣形门钉,每行5枚。门扉中部内侧雕饰2个衔环铺首,四角各饰1燕尾形角叶。门高0.74、宽0.51米。门扉四周砌有下槛、门砧、立颊、柱、门额、阑额。门额砌有4枚门簪,中间2枚为菱形,两边2枚为方形。阑额上为带帘钩卷帘。门两侧壁上各雕1人物,东侧为拱手男性,西侧为捧盏女性。东西两壁结构相似,为四扇四抹格子门,唯障水板人物砖雕各异。

四壁斗拱结构相同,为单昂四铺作计心造。拐角为转角铺作四朵,转角铺作间雕砌补间铺作四朵,其组织同转角铺作。两斗拱间影作枋,与令拱平,枋上承一斗。斗有栌斗、散斗、齐心斗。琴面式昂嘴,蚂蚱耍头。斗、拱涂朱或黄色,白色勾勒边框。拱眼壁填绘黑色牡丹。斗拱与倚柱高之比为34%。斗拱上为撩檐枋,枋上砌方椽,上覆舌形飞檐,瓦舍下皮墨绘如意纹图案。枋及方椽头正面与下皮涂朱。飞檐以上即收缩为宝盖式藻井,分上下两部分。下部为八面内收,每面砌8个向室内凸出的补间铺作形面,面间上砌第二层8个向室内凸出的转角铺作形面,底部露明部分均经砍、削、磨。上部为八角叠涩,上铺锯齿形条砖一周,压八面体单砖一周,再上为朝顶中心条砖一周,其上侧立条砖一周,凸出部分为双砖,底面砍削圆弧形,最上以方砖压顶。顶高2.88米。

第一章 洛阳宋金墓葬中的孝子故事雕砖

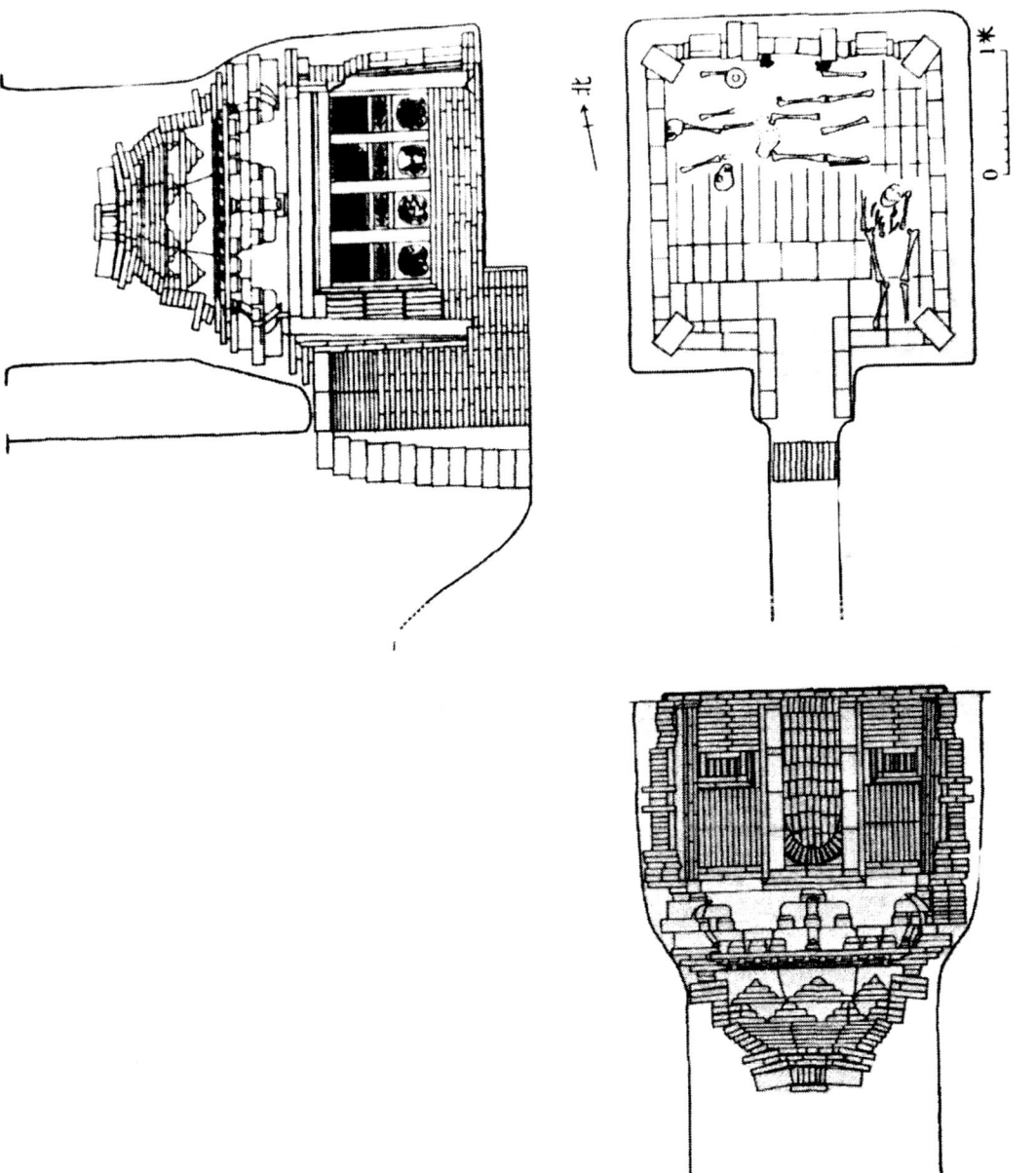

洛阳伊川砖雕墓平、剖面图

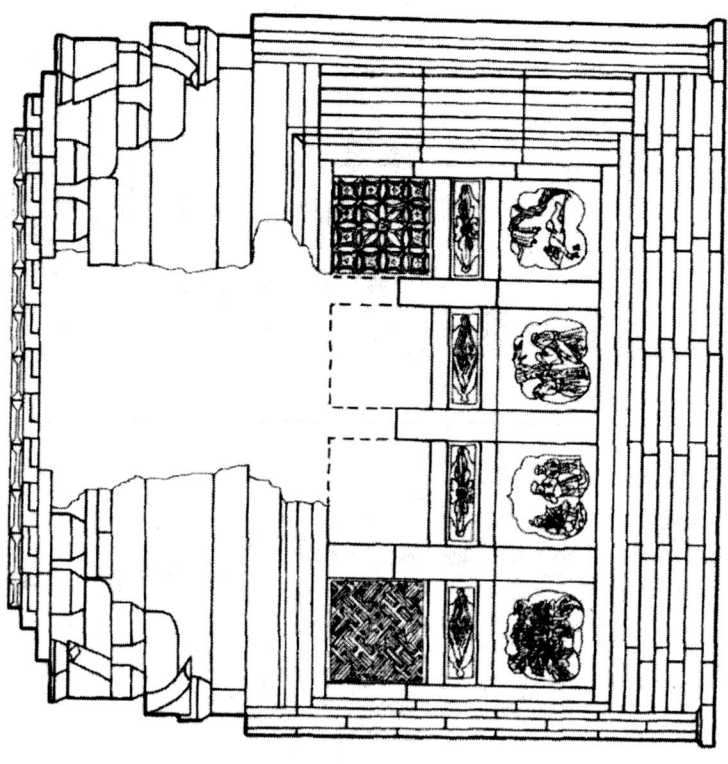

洛阳伊川砖雕墓东壁正视示意图

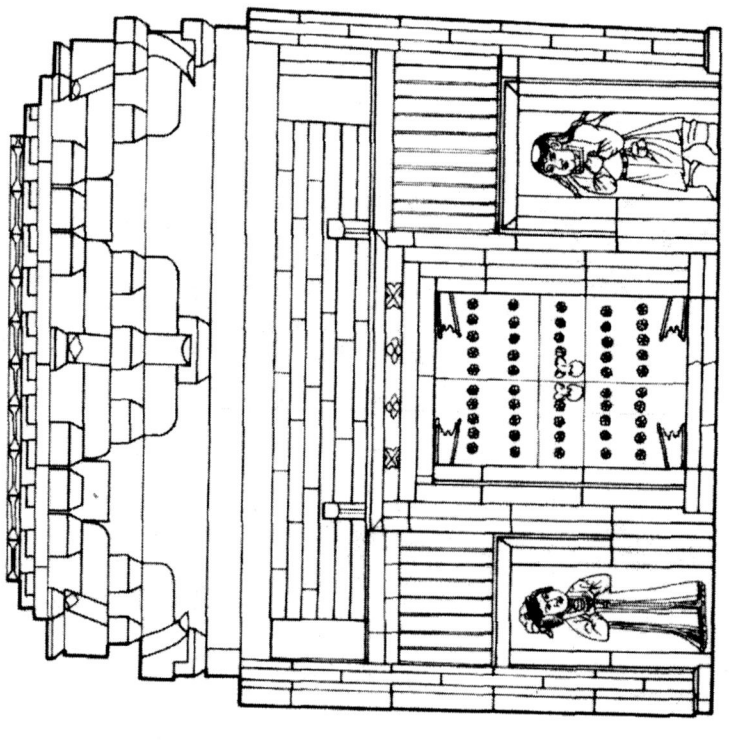

洛阳伊川砖雕墓北壁正视示意图

(二)孝子故事雕砖

孝子故事雕砖分布在墓室东、西两壁上。图一至三在墓室东壁的下层,29厘米见方。图四至六在墓室西壁的下层,29厘米见方。

1 赵孝宗行孝图

◎ 画面有3人,一束髻男子右手握剑,呈坐姿。其右侧2男子戴幞头着袍服,站立。画面表现的似为孝子故事中的"赵孝宗"。

2 田真行孝图

◎ 画面有3人,均站立,头戴幞头,身着袍服,对着一棵树作掩面哭泣状,表现的当为"田真哭荆"故事。

图一 1 赵孝宗行孝线描图

图二 1 田真行孝线描图

图一 2 赵孝宗行孝图

图二 2 田真行孝图

| 3 | 王祥行孝图

◎ 一男子头挽髻,右手托头,赤露身体横卧河岸,左手伸向河中的两条鱼,表现的应为"王祥卧冰"。

| 4 | 鲍山行孝图

◎ 画面有3人,一头戴幞头男子身背背篓,篓内有一老妇人,其前方一身穿铠甲、右手握刀男子似欲进行阻挡,画面表现的应为"鲍山行孝"故事。

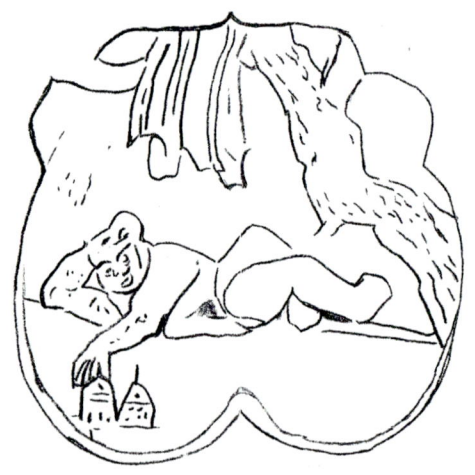

图三 1 王祥行孝线描图

图四 1 鲍山行孝线描图

图三 2 王祥行孝图

图四 2 鲍山行孝图

5 杨香行孝图

◎ 一女子骑于虎背之上,身后衣带飘逸,右手抓虎头,虎作伏卧状,其当为"杨香打虎"故事。

6 曹娥行孝图

◎ 一掩面女子立于水边,着长裙,右手拄棍,身披孝服,表现的当为"曹娥哭江"。

图五 1 杨香行孝线描图

图六 1 曹娥行孝线描图

图五 2 杨香行孝图

图六 2 曹娥行孝图

— 洛阳北宋张君墓画像石棺

— 洛宁北宋乐重进画像石棺

— 北宋王十三画像石棺

— 巩义西村宋代石棺

— 宜阳北宋画像石棺

— 巩义米河半个店宋画像石棺

第二章 洛阳宋金石棺上的孝子故事线刻

洛阳宋金石棺上出现有大量雕刻的孝子故事,本书搜集到了洛阳北宋张君墓画像石棺、洛宁北宋乐重进画像石棺、北宋王十三画像石棺、巩义西村宋代石棺、宜阳北宋画像石棺、巩义米河半个店宋画像石棺等6具雕刻有孝子故事的石棺。这些石棺上的孝子故事,雕刻精美,构图生动,人物造型富有感染力,是不可多得的艺术珍品,现分别予以详述。

第二章 洛阳宋金石棺上的孝子故事线刻

一、洛阳北宋张君墓画像石棺

（一）石棺形制

1958 年出土于孟津县送庄公社张盘村，石棺前高 130、后高 104、前宽 110、后宽 85、长 220 厘米，棺盖及棺身均用整块青石雕成。棺盖上部正中刊刻墓志铭，志额篆书"洛阳张君墓志"六字，志文已漫漶不清，仅有"崇宁五年四月二十日"等字依稀可辨。崇宁为北宋徽宗年号，崇宁五年当公元 1106 年。

棺盖正面棺楣阴线线刻盆植牡丹两株，棺盖两侧为连枝大朵牡丹装饰图案，间以攀枝童子和骑兽童子。雕刻技法为减地平雕。棺身前档浮雕门窗，两扇大门各有门环、乳钉，门扉半掩，一近乎圆雕的女侍似欲启门而出。大门两侧共有四个近乎圆雕的侍卫。门窗上方两侧阴线刻牡丹图案，中央阴线刻人物。前一持幡者宽袍大袖。后一老者相随，高冠，拱手，榜题"一翁"。身后一女侍，捧一圆筒状物，分节，盖上饰花卉。再后一老妪，躬身拱手，榜题"二婆"。身后一女侍，捧一盘。人物足下皆有云气缭绕，似为仙人导引墓主夫妇升仙的图画，表现出汉魏升仙图的余绪。棺下部四面浮雕仰覆莲，四隅各一托棺力士。两帮前半部分分别阴线刻持幡杖、端果品（另一为寿山）、捧宝瓶的仙女、祥云、仙鹤等。两帮后半部分和后档刊刻孝子烈女图，皆有榜题。

（二）孝子故事图案

棺两帮后半部分和后档刊刻孝子烈女图，皆有榜题。右帮是：赵孝宗、郭巨、丁兰、刘明达、舜子、曹娥、孟宗、蔡顺、王祥、董永；左帮是：鲁义姑、刘殷、孙悟元觉、睒子、鲍山、曾参、姜诗、王武子妻、杨昌、田真；后档为韩伯俞、闵损、陆绩、老莱子。共计 24 幅图，均作阴刻线画。

1 赵孝宗行孝图

◎ 画面刻绘四人，右侧一将军，头戴幞头，身着甲胄，左手握拳按于盘曲的左腿上，右手掌撑于右腿上，似在怒目问话。左侧恭立两人，面向将军，神态拘谨恭敬，并排拱手而立。中间刻绘一持旌旗军士，表情威严，双手持旗杆，旌旗飘带迎风飘扬。左上角榜题"赵孝宗"三字。

2 郭巨行孝图

◎ 画面郭巨面左，头戴幞头，袒胸露乳，左手贴身体左侧，持圆头锹把，右手举起抚向额头，俯视地面，身后一幼儿假爬于地。左侧脚下土堆中有银锭状宝物外露，瑞气升腾。人物正上方榜题"郭巨"二字。

图一 1 赵孝宗行孝线描图

图二 1 郭巨行孝线描图

图一 2 赵孝宗行孝图

图二 2 郭巨行孝图

3 丁兰行孝图

◎ 画面左侧刻绘丁兰母亲盘腿端坐椅上，丁兰面左躬身向其母施礼，上方帷帐向两侧张开。人物正上方帷帐之下榜题"丁兰"二字。

4 刘明达行孝图

◎ 画面左侧一男子骑一骏马做前行状，右手怀抱一光头幼童，上身转向后方，左手向后指出。怀内幼童右臂向前伸，作挣脱状。右侧一妇人面左，布束发，着紧袖曳地裙，右臂半曲前伸，右手持一果状物，似欲接幼童状。画面右上角榜题"刘明达"三字。

图三 1 丁兰行孝线描图

图四 1 刘明达行孝线描图

图三 2 丁兰行孝图

图四 2 刘明达行孝图

5 舜子行孝图

◎ 画面右侧刻绘一男子面左,手持一短木棍正在驱赶身前一头大象,似在稼耕,上方刻画两只飞翔的鸟,似在为之啄耘。画面正上方榜题"舜子"二字。

6 曹娥行孝图

◎ 画面中一人背水而立,头裹孝巾,身着圆领长袍,腰束带,左臂下垂,右臂曲肘向上欲掩面,表情悽惋,似在哀哭。身后江水翻涌,对岸衰草斜飞,似表现江面有风。左上角榜题"曹娥"。

图五 1 舜子行孝线描图

图六 1 曹娥行孝线描图

图五 2 舜子行孝图

图六 2 曹娥行孝图

7 孟宗行孝图

◎ 画面左侧刻绘一人面向右侧半蹲半跪，头梳发髻，身着长袍，左手屈臂抬起，手握竹枝，右臂屈起作掩面痛哭状，身左侧放一竹篮状物。身前几杆竹枝，寥寥几笔而做随风飘摆之势，刻画生动，临近人物左脚边有两笋尖破土而出。左上角榜题二字，漫漶不清，其中之一似为"宗"字，该图所表现的应为"孟宗"。

8 蔡顺行孝图

◎ 画面中刻绘一男子头戴帽，身披蓑衣，左手柱杖，躬身面向一座封树的坟头，似在哭泣。应是表现蔡顺闻雷泣墓的孝子故事。右上方榜题"蔡顺"二字。

图七 1 孟宗行孝线描图

图八 1 蔡顺行孝线描图

图七 2 孟宗行孝图

图八 2 蔡顺行孝图

9 王祥行孝图

◎ 画面中一人头束发髻,赤身裸体向左侧卧于冰面之上,目视冰面,冰下水中有二鲤探出鱼头。人物背面远处,用几笔刻画出萧瑟的远山及冰冻的水面,以显示天气之寒冷。左上角榜题"王祥"二字。

10 董永行孝图

◎ 画面中刻绘两人,右侧一男子,头戴幞头,着圆领长袍,左臂自然下垂,右臂屈臂抬起,举掌向前上方。左侧一朵团云自地面升腾而起,云头之上站立一梳髻戴花宽衣博带的仙女,应是表现董永卖身葬父遇仙女的故事。画面正中上方榜题"董永"二字。

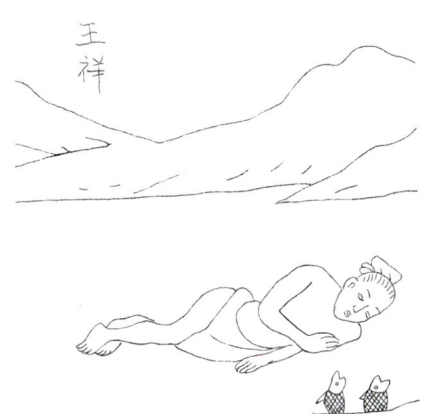

图九 1 王祥行孝线描图

图十 1 董永行孝线描图

图九 2 王祥行孝图

图十 2 董永行孝图

11 鲁义姑行孝图

◎ 画面右侧刻绘一妇人梳发髻、着长袍,面右怀抱一幼童,妇人足下地面偎爬一露出半身的幼童。妇人面色、身形似有惶恐、惊惧之状。左侧刻绘一军士,怒目持刀,左手抬起,指向妇人,似在厉声责问。画面右上角榜题"鲁义姑"三字。

12 刘殷行孝图

◎ 画面右上侧刻绘一仙人头戴冠,身穿铠甲,立于一朵从天而降的团云之上,两手屈臂身前并向前送出。画面左下侧刻绘一男子,梳发髻、着长袍,面右恭身站立,身体前倾,双臂前伸,做接宝物状。画面左上角榜题"刘殷"二字。

图十一 1 鲁义姑行孝线描图

图十二 1 刘殷行孝线描图

图十一 2 鲁义姑行孝图

图十二 2 刘殷行孝图

|13| 孙悟元觉行孝图

◎ 画面刻绘元觉祖孙三人，左下方一人应为元觉，面向右后方，脑后束髻扎带，右手下垂手拖肩舆。左上方其祖父几乎赤身坐于山崖之上，表情愁苦忧伤。右侧元觉之父，正面左前方，头戴幞头，身着圆领长袍，左手持握长袍下摆，右手向画面左侧伸出，五指张开，似在摇手。元觉父子二人似在对话。画面右上角榜题"孙悟元觉"四字。

|14| 睒子行孝图

◎ 画面中刻绘三人一马，左下角刻一少年模样的睒子，面稍仰，头戴双角鹿皮帽，身披鹿皮坐于地上，左右手握一支箭，左上角站一上身稍下俯的军士，双手持握一棍状物。右侧一军士骑于马上，左臂屈于胸前，手腕处悬挂一张弓，右手前伸指向睒子。画面上方榜题"睒子"二字。

图十三 1 孙悟元觉行孝线描图

图十四 1 睒子行孝线描图

图十三 2 孙悟元觉行孝图

图十四 2 睒子行孝图

|15| 鲍山行孝图

◎ 画面中刻绘三人,右侧刻绘鲍山面左,头戴幞头,神态恭谨,两腿一前一后叉开。左手反背身后背篓,篓中坐其老母,左侧刻绘一将军坐于山石之上,神态威严倨傲,左臂按于左腿处,右臂曲肘五指张开按着一柄长剑剑柄处,长剑向下插于地上。画面正上方榜题"鲍山"二字。

|16| 曾参行孝图

◎ 画面左侧刻绘曾参母,面右站立,身着长袍,双手笼袖于身前。右侧刻绘曾参,面左躬身拱手而立,身前放一担柴。画面正上方榜题"曾参"二字。

图十五 1 鲍山行孝线描图

图十六 1 曾参行孝线描图

图十五 2 鲍山行孝图

图十六 2 曾参行孝图

第二章 洛阳宋金石棺上的孝子故事线刻

17 姜诗行孝图

◎ 画面刻绘姜诗夫妇二人面左而立，其妻头梳发髻，身着交领长袍，两臂相交，躬身而立，神态恭谨，目视前下方。姜诗站在其妻右侧，头戴幞头，身着圆领长袍，右臂下垂，左臂曲肘，左手指前下方。前下方刻绘几道横线，且有一鱼露头，表示泉涌而鲤出。画面上方榜题"姜诗"二字（"姜"字漫漶缺失）。

18 王武子妻行孝图

◎ 画面刻绘一女子面左坐于一不规则矮几前，几上有盘、盏若干件。女子梳发髻插簪，着交领窄袖服，左手按在挽起裤腿的右腿上，右手握刀，似在切割右腿上的肉。画面上方榜题"王武子妻"四字。

图十七 1 姜诗行孝线描图

图十八 1 王武子妻行孝线描图

图十七 2 姜诗行孝图

图十八 2 王武子妻行孝图

19 杨昌行孝图

◎ 画面刻绘二人一虎，其中左侧一女子骑在伏地挣扎的虎背上，双手十指用力紧按虎头。虎前爪抓地，后爪刨蹬，虎尾后扬，做极力挣扎之状。右下角刻绘一老年男子，于张惶奔走中回头张望猛虎，面有惊惧之色。画面上方榜题"杨昌"二字。

20 田真行孝图

◎ 画面刻绘三人俱着长袍，围绕一株枯树而立，左侧一人面右，左臂抬起手抚树干，右臂屈起以袖掩面，似在哭泣。中间一人，面向树干双手笼袖抚面，似在哭泣。右侧一人抬左臂以袖掩面，右臂抬起，右手食指、中指伸出指向树冠，身后地面放箱笼、银铤、宝物等。树冠之上，可见枯枝之间刻绘两只鸟及一鸟巢。画面右上方有榜题，可辨识"田真"二字。

图十九 1 杨昌行孝线描图

图二十 1 田真行孝线描图

图十九 2 杨昌行孝图

图二十 2 田真行孝图

21 韩伯俞行孝图

◎ 画面刻绘二人,左侧面右一年老妇人端坐椅上,身着长裙,左手抚左膝上,右手扶拐杖,拐杖斜靠右肩上。右侧一人面左蹲坐地上,头戴幞头,着长袍,左手抚左膝上,右手抬起以袖抚面。画面右上方有榜题"韩伯俞"三字。

22 闵损行孝图

◎ 画面较模糊,隐约可见刻绘三人。画面右侧似为闵父,面左,右臂曲肘手指对面闵子骞,左臂下垂左手搭于身前,似在问话。中间一人似为闵损,面右而左手屈臂自右肩处指向左侧,似在答言。左侧站立闵后母。画面上方有榜题"闵损"二字。("损"字部分缺失)

图二十一 1 韩伯俞行孝线描图

图二十二 1 闵损行孝线描图

图二十一 2 韩伯俞行孝图

图二十二 2 闵损行孝图

| 23 | 陆绩行孝图

◎ 画面刻绘二人，右侧一老者面左，端坐在鼓凳上，右手抚膝，左臂屈肘胸前，伸出食指、中指指向左侧。左侧一人两腿张开，似欲向左行走，回首向右，似与老者答言。画面上方有榜题"陆绩"二字（榜题部分缺失）。

| 24 | 老莱子行孝图

◎ 画面较模糊，隐约可见刻绘三人。右侧刻绘二老人面左而坐，应为老莱子父母。左侧隐见一人，似跪地上，身前地面上似放置碗类杂耍玩具。画面上方有榜题"老莱子"三字。

图二十三 1 陆绩行孝线描图

图二十四 1 老莱子行孝线描图

图二十三 2 陆绩行孝图

图二十四 2 老莱子行孝图

二、洛宁北宋乐重进画像石棺

（一）石棺形制

1992年2月，河南洛宁县东宋乡大宋村北坡出土一具北宋政和七年（1117）乐重进画像石棺。石棺刻画有22幅孝子图，墓主乐重进夫妇观赏散乐图，妇人启门图，还有天女散花图、鹿、麒麟、凤凰衔灵芝献寿图，以及繁密的花草图案。乐重进画像石棺较以前洛阳出土同时期画像石棺内容丰富，画面清晰，画技较高，对研究北宋绘画艺术、服饰、发型、散乐、杂技及生活习俗等提供了可靠的资料。

乐重进画像石棺为青色石灰岩质，石质较粗糙，表面斑点较多。棺前部高而宽，后部矮而窄，形体厚重。石棺由盖（断为两块）、两帮、前档、后档、底7块石板用榫卯构成。盖长225厘米，前宽95、厚10厘米，后宽83、厚9厘米。盖似盝顶形，中部隆起为平顶，两侧为斜坡，斜面均宽20厘米。盖下四边刻有卯，与两帮和前后档上的榫相套合。两帮为四边形，上下各长190、厚12厘米。上刻长182、高5厘米的榫，下刻长102、高6厘米的榫，榫上窄下宽。前档高70、上宽92、下宽106、厚7厘米，下榫长45、高6厘米。上部左右角下凹，左下角残。后档高61、上宽56、下宽72、上厚7、下厚8厘米。下榫长40、高4厘米。底长199、前宽105、后宽92、前厚14、后厚18厘米。底面四周刻长条形卯，前卯槽长47、宽7厘米，后卯槽长45、宽7厘米，两侧各刻长108、宽6厘米的卯槽。

棺前档右侧竖行楷书题刻"大宋国西京河南府永宁县招化乡大宋村大宋保"，左侧竖行题刻"政和七年五月初一日殡葬父乐讳重进儿男四人大男乐宗义二男乐志良三男乐宗友四男乐〔宗〕曦"。据前档两侧题刻，可知该石棺墓主为北宋政和七年，河南府永宁县招化乡大宋村大宋保人乐重进。

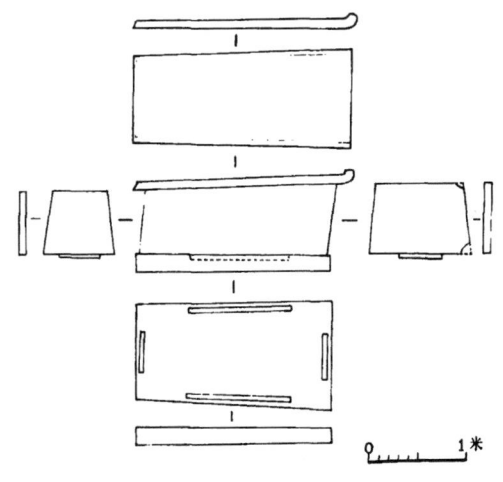

洛宁北宋乐重进画像石棺结构及平、侧视图

（二）孝子故事图案

石棺后档画面分两层，上层刻两幅烈女孝子图；左右两帮各刻10幅烈女孝子图，每帮分上下两层，各5幅，每幅刻榜题姓名。图一至图五位于石棺左帮上层，画面平均高20、宽30厘米；图六至图十位于石棺左帮下层，画面平均高20、宽30厘米；图十一至图十五在石棺右帮上层，画面平均高20、宽30厘米；图十六至图二十在石棺右帮上层，画面平均高20、宽30厘米。画面线条流畅，用线的粗细变化和抑扬顿挫的韵致恰到好处，表现出不同物象的质感，显示了宋代线描的突出成就。

| 1 | 刘明达行孝图

◎ 左上角榜题"刘明达",画面四人一马,左侧马昂首竖耳,披鬃,长尾拖地,膘肥体壮,鞍辔齐全。马侧二军士,左者戴东坡巾,左手抱一光头幼童,幼童右臂向前伸,作挣脱状;右者面右似军卒,头裹抹额,双手横握剑作阻挡状。右侧一妇人面左,布束发,着紧袖曳地裙,束腰带,肩披帛折腋下向后飘,左臂半曲前伸,右手拇指和食指指胸,作欲接幼童状。

| 2 | 田真行孝图

◎ 右上角榜题"田真",面画田真兄弟3人,一株紫荆枯树,地面放箱笼、银铤等物。兄弟3人皆戴东坡巾,着圆领窄袖袍服,腰束带。左一人双手捧物;中间一人面左,左臂曲肘,手左指,右手扶树;右一人面左哭泣,右臂上举扶树,左臂曲肘掩面拭泪。

图一 1 刘明达行孝线描图

图二 1 田真行孝线描图

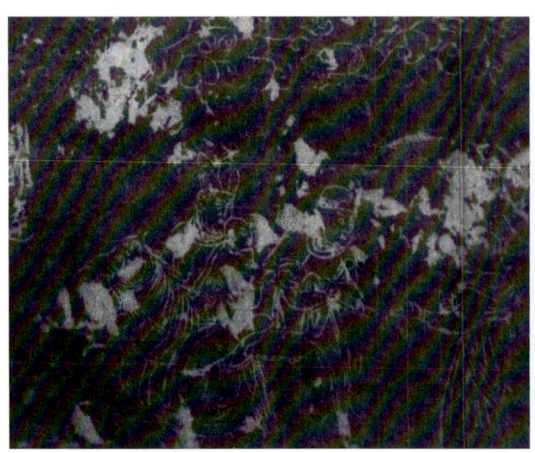

图一 2 刘明达行孝拓片

图二 2 田真行孝拓片

3 董永行孝图

◎ 左上角榜题"董永",画面为董永及仙女,左侧仙女面右,头束高髻,脑后打结,着交领宽袖长裙,驾冉冉升起的云朵,向董永拱手告别。右侧大门前董永头裹抹额巾,着圆领窄袖袍服,腰束带,面左仰望仙女,左臂上举握拳遮额,表现二人依依惜别之情。

4 杨香行孝图

◎ 左上角榜题"杨香",画面为杨香父女2人和1虎。左杨香面右骑在蹲地挣扎的虎背上,双手按虎头。虎前爪抓地,尘土飞扬。右下角杨香父,双臂前伸作奔跑状。

图三 1 董永行孝线描图

图四 1 杨香行孝线描图

图三 2 董永行孝拓片

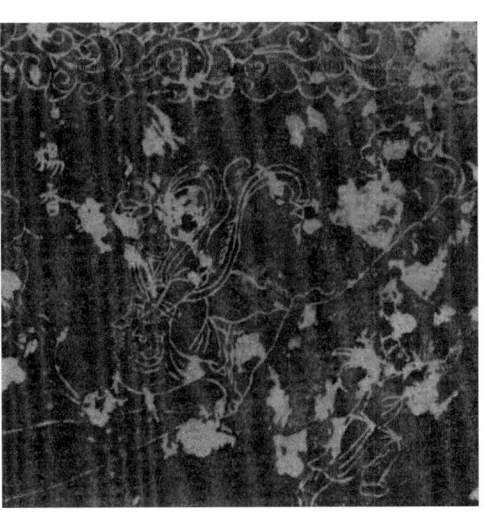

图四 2 杨香行孝拓片

| 5 | 鲍山行孝图

◎ 右上角榜题"鲍山",画面4人,右鲍山面左,抱拳拱手,身背篓,篓中坐其老母,中间一头裹抹额军卒模样青年,双手捧一筒状物递鲍山,左站立一面右军官,头戴尖顶兜鍪,护耳外沿上翻,披膊,身着明光铠甲,腰束带,下着裤,足穿靴,其衣帽服饰似唐初武士俑。左臂曲肘,食指和中指指鲍山,右臂下垂手握过头顶长矛。

| 6 | 睒子行孝图

◎ 左上角榜题"睒子",画面3人1马,左一少年模样的睒子面稍仰,身披双角鹿皮蹲地,左食指指前方,右手握一支箭,中间站一上身稍下俯的军士,右手食指指睒子,右一军士骑马勒缰面对睒子。

图五 1 鲍山行孝线描图

图六 1 睒子行孝线描图

图五 2 鲍山行孝拓片

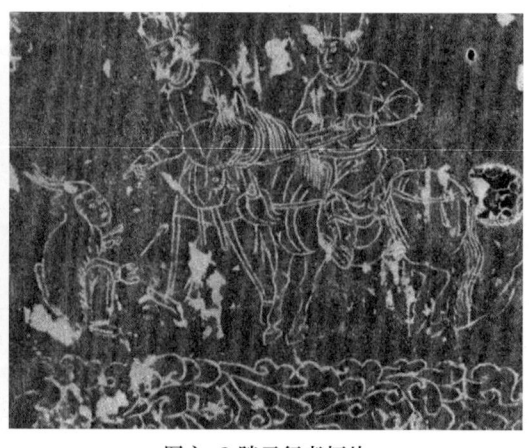

图六 2 睒子行孝拓片

|7| 姜诗行孝图

◎ 右上角榜题"姜诗",画面3人,右姜诗母端坐鼓座上,左手握拐杖,右手食指指中间姜诗妻,其妻面向婆母拱手而立,神态恭谨。姜诗站在其妻身侧,夫妻足下泉涌(榜题漫漶不清)。

|8| 老莱子行孝图

◎ 左上角榜题"老莱子",画面4人,右老莱子年迈父母对坐在檐下长方形桌子两侧,桌上放二台盏。左老莱子头裹抹额巾双手前伸,面向父母跪在地上,口衔一横棍,棍端立一竖棍作顶碗表演,地面上放置碗类杂耍玩具。中间一人,仰望,双手执鼓桴擂鼓助演。

图七 1 姜诗行孝线描图

图八 1 老莱子行孝线描图

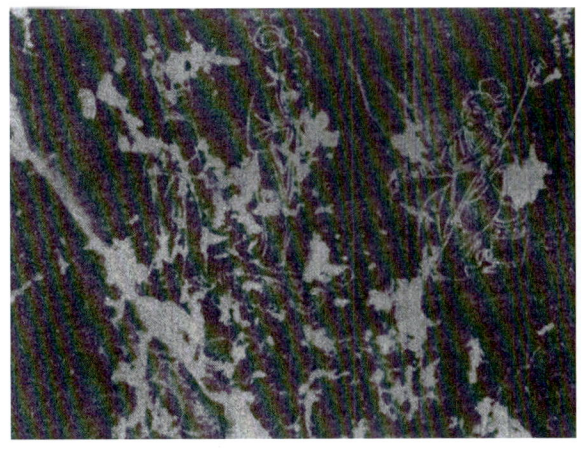

图七 2 姜诗行孝拓片

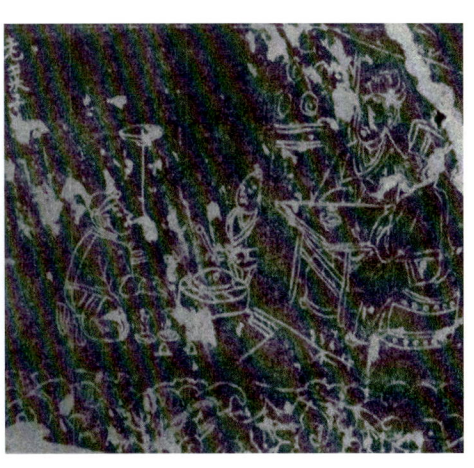

图八 2 老莱子行孝拓片

| 9 | 韩伯瑜行孝图

◎ 中间榜题"韩伯瑜",画面韩伯瑜夫妇和其母3人,右韩母端坐在檐下鼓座上,右手食指指对面站立的韩伯瑜,左手拄拐杖。中间韩伯瑜戴幞头,着曲领窄袖袍服,腰系革带,上身微躬抱拳胸前,神态恭谨。左韩妻头束双鬟髻,着交领窄袖袍,披帛折腋下拖地、仰面拱手站立。

| 10 | 元觉行孝图

◎ 右上角榜题"元觉",画面元觉祖孙3人,元觉面右居中,束髻扎双带垂脑后,左手食指后指蹲坐在山丘上几乎赤身的祖父,右手拿肩舆。右其父大步前走转身面对元觉,右手指元觉,父子二人似在对话。

图九 1 韩伯瑜行孝线描图

图十 1 元觉行孝线描图

图九 2 韩伯瑜行孝拓片

图十 2 元觉行孝拓片

|11| 陆绩行孝图

◎ 中间榜题"陆续"(应为"陆绩"),画面陆绩母子2人,右陆母面左,端坐在鼓座上,右手指陆绩,左手抚膝。左陆绩裹巾束发,身着圆领窄袖袍,面向其母,左手伸二指,右手拿一桔欲递其母。

|12| 王祥行孝图

◎ 右上角榜题"王祥",画面3人,中间王祥头束髻,赤身裸体侧卧冰上,冰下水中跃出二鲤,其上片片流云。左侧面右站一壮年,光头,面稍仰,身着宽袖袍服。右站立一头戴东坡巾,有胡须的老者,老者左臂曲肘,手拄拐杖,右臂曲肘伸出食指和中指,示意跃出二鲤。

图十一 1 陆绩行孝线描图

图十二 1 王祥行孝线描图

图十一 2 陆绩行孝拓片

图十二 2 王祥行孝拓片

| 13 | 郭巨行孝图

◎ 左上角榜题"郭巨",画面郭巨面右,头戴幞头,着圆领窄袖袍,双手贴腹按圆头锹把,俯视右侧地面。右侧地面瑞气升起,似有宝物。

| 14 | 刘殷行孝图

◎ 左上角榜题"刘殷",画面为刘殷和天神,左刘殷面右跪地仰望天神,双臂前伸作接物状。天神站云上,面对刘殷,左手似握板斧,右臂曲肘手指刘殷。

图十三 1 郭巨行孝线描图

图十四 1 刘殷行孝线描图

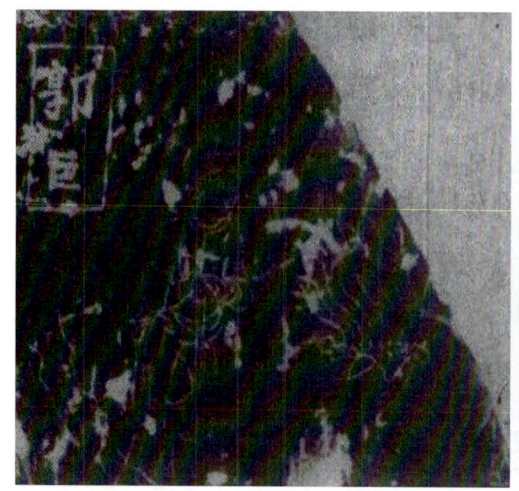

图十三 2 郭巨行孝拓片

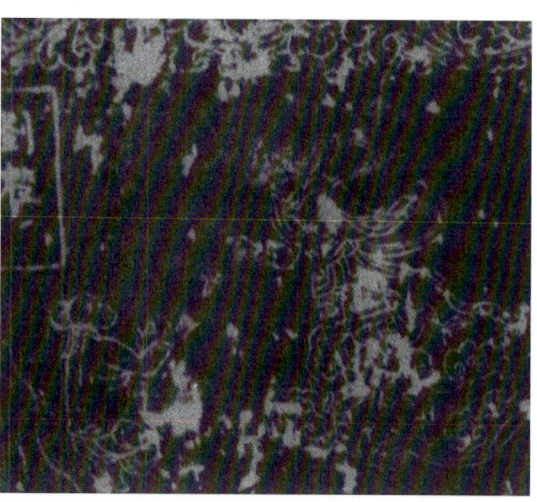

图十四 2 刘殷行孝拓片

|15| 王武子妻行孝图

◎ 中间刻"王武子",下面"妻"字已剥蚀。画面3女,左屏风前王武子母面右笼手盘腿坐于地,中间一女子面左,头束高髻,上着圆领窄袖襦,下穿百褶裙,手端一台盏。右条形隔扇内,面右坐一女子,梳双鬟髻,着交领窄袖服,半挽手臂,左手按在挽起的右小腿上,右手握刀,似在切割左臂上的肉。

|16| 赵孝宗行孝图

◎ 右上角榜题"赵孝宗",画面3人,左面右端坐一将军,头戴幞头,身着甲胄,双手握剑于腹前。右面左并排拱手站立2人,神情恐惧,皆裹头束髻,上着圆领窄袖袄,腰束带,下穿裤。

图十五 1 王武子妻行孝线描图

图十六 1 赵孝宗行孝线描图

图十五 2 王武子妻行孝拓片

图十六 2 赵孝宗行孝拓片

| 17 | 曾参行孝图

◎ 左上角榜题"曾参",画面左侧面右站立曾参母,双臂曲肘,手指向前,左手指曾参。右侧面左曾参拱手向母施礼,中间放一担柴。

| 18 | 鲁义姑行孝图

◎ 左上角榜题"鲁义姑",画面左侧鲁义姑面右怀抱一幼童,足下地面偎爬一幼童。右侧一将军面左骑马勒缰,俯视地下幼童。

图十七 1 曾参行孝线描图

图十八 1 鲁义姑行孝线描图

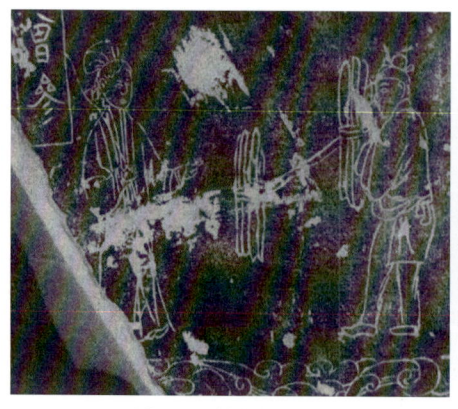

图十七 2 曾参行孝拓片

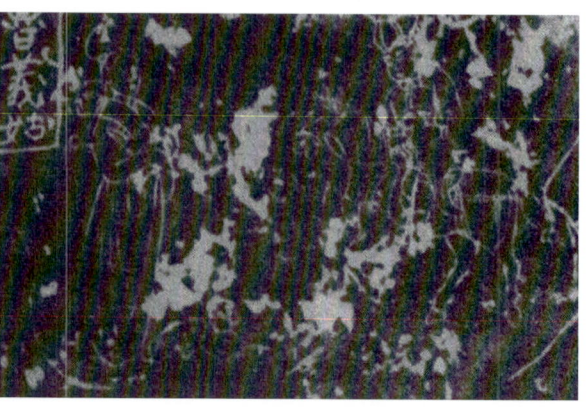

图十八 2 鲁义姑行孝拓片

|19| 丁兰行孝图

◎ 右上角榜题"丁兰",画面左侧幔帐内面右端坐丁兰母,前有桌,桌前围帷幔,桌上放茶杯、台盏、果品。中间丁兰面左躬身向其母施礼,身后其妻行交臂礼。

图十九 1 丁兰行孝线描图

图十九 2 丁兰行孝拓片

|20| 孟宗行孝图

◎ 右上角榜题"孟宗",画面左侧孟宗面右坐地哭泣,右手举起作欲掩面状,前面放一提篮,篮右一棵竹子,两棵竹笋。

图二十 1 孟宗行孝线描图

图二十 2 孟宗行孝拓片

|21| 曹娥行孝图(收集到的原图过于模糊,无法识别,略)

◎ 左上角榜题"曹娥",头裹孝巾,着圆领窄袖孝服,腰束带,左臂下垂,右臂曲肘向上欲掩面,面对波涛汹涌的江水哀号,表情凄婉。波涛中有一头骨,象征曹娥父尸。

|22| 闵子骞行孝图(收集到的原图过于模糊,无法识别,略)

◎ 左上角榜题"闵子骞",左侧为闵父,面右,头戴东坡巾,着圆领窄袖袍服,腰束带,左臂曲肘手指对面闵子骞,右臂下垂。中间面左闵子骞躬身向其父作揖,唯诺称是。右站立闵后母和下跪光头的闵幼弟。

三、北宋王十三画像石棺

（一）石棺形制

石棺除盖外，系用一整块青石雕琢而成，长235、前高91、后高75、前宽100、后宽83厘米。棺盖中部有径寸楷书一行，文曰："大宋宣和五年癸卯金紫光禄大夫孙王十三秀才寿棺。"棺身四周有画像，棺的前档上部刻二双翼飞仙。飞仙之间有一烟雾缭绕的博山炉，中部列门窗。门之两侧以绶带悬金钱，金钱上坐着手持绶带的童男童女，下部左右有狮子一对。棺盖周围、棺底前后左右两边均刻大朵连枝牡丹花，棺侧和后档都是孝子故事。

（二）孝子故事图案

棺左右帮和后档刻15幅孝子故事，每幅均有榜题，左侧七幅，右侧六幅，后档两幅。图一至七位于石棺的左帮、图八至十三刻于石棺的右帮、图十四、十五位于石棺的后档。洛阳出土的这具北宋年间的王十三石棺上阴刻的十五孝子图，画面人物形象采用单线勾勒技法，与著名的《清明上河图》的人物画法非常相近，是典型的宋代人物画，在艺术技巧上颇有造诣，为我们研究宋代社会习俗和雕刻艺术提供了有价值的资料。

| 1 | 王武子行孝图

◎ 中上部榜题"王午子"，应为"王武子"，画面中王武子妻与老母似在憩坐休息（线描图引自发掘报告）。

| 2 | 姜诗行孝图

◎ 中上部榜题"江系"，即"姜诗"。画面上姜诗与妻躬身于母前（线描图引自发掘报告）。

图一　王武子行孝线描图

图二　江系行孝线描图

| 3 | 丁兰行孝图

◎ 中上部榜题"丁栏",即"丁兰"。画面上丁兰与妻子在向木雕的父像躬身祭祷(线描图引自发掘报告)。

| 4 | 舜子行孝图

◎ 中上部榜题"舜子",画面上舜驱象耕稼,群鸟为之啄耘(线描图引自发掘报告,原图不全)。

图三 丁兰行孝线描图

图四 舜子行孝线描图

| 5 | 郭巨行孝图

◎ 中上部榜题"郭巨",画面上妻抱小儿准备活埋,郭巨持锨掘坑偶得金一釜(线描图引自发掘报告)。

| 6 | 董永行孝图

◎ 中上部榜题"董永",画面上仙女驾祥云辞别董永(线描图引自发掘报告)。

图五 郭巨行孝线描图

图六 董永行孝线描图

| 7 | 韩伯俞行孝图

◎ 中上部榜题"韩伯俞",画面上韩伯俞拱手恭立在老母面前(线描图引自发掘报告)。

图七 韩伯俞行孝线描图

| 8 | 曹娥行孝图

◎ 中上部榜题"曹娥",画面上曹娥立于江边哭泣,江水激荡,一水鬼手托曹父遗骨立于水面(线描图引自发掘报告)。

图八 曹娥行孝线描图

| 9 | 田真行孝图

◎ 中上部榜题"田真",画面上田真扶荆悲叹,两个弟弟站立一旁,地面上放着竹篓家具,作分家状(线描图引自发掘报告)。

图九 田真行孝线描图

| 10 | 赵孝宗行孝图

◎ 中上部榜题"赵孝宗",画面上有二人向一怒气冲冲的武将恭身施礼,武将手持宝剑,怒目圆睁,正在审视站立的二人(线描图引自发掘报告)。

图十 赵孝宗行孝线描图

|11| 鲍山行孝图

◎ 中上部榜题"包中",即"鲍山",画面上有二人谦恭地向一武士施礼(线描图引自发掘报告)。

|12| 孟宗行孝图

◎ 中上部榜题"孟宗",画面上孟宗跪哭竹林,新笋破土而出(线描图引自发掘报告)。

图十一 包中行孝线描图

图十二 孟宗行孝线描图

|13| 元觉行孝图

◎ 中上部榜题"元觉",画面上老祖父衣衫不整,被弃在山巅,元觉持肩舆与父论理(线描图引自发掘报告)。

|14| 陆绩行孝图

◎ 中上部榜题"陆绩",画面上陆绩正辞别袁术(线描图引自发掘报告)。

图十三 元觉行孝线描图

图十四 陆绩行孝线描图

| 15 | **王祥行孝图**

◎ 右部榜题"王祥",画面上王祥脱衣挂树,裸身卧冰,二鲤跃出(线描图引自发掘报告)。

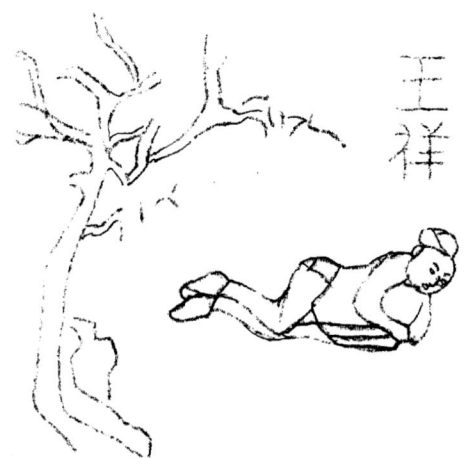

图十五 王祥行孝线描图

四、巩义西村宋代石棺

(一)石棺形制

巩县西村宋墓,位于县城以南16公里西村乡西作村南约0.5公里。墓室顶部距地表4.5米,系长方形单室土洞墓,墓室东西向,南侧有墓道。拱形墓顶,墓室长2.8、宽1.95、高1.85米。墓道长4.5、宽0.7米。墓室中央置石棺,墓道近墓室处靠东侧迭置5块封门砖,均系长方形半截汉代空心砖。墓室东壁与石棺后档之间发现两具殉葬幼儿(10—12岁)的骨骸。从残存的部分骨骸看,均躯体斜歪,四肢收拢,一为头部朝东北,半身似躺靠在墓室东壁上,一为头部朝西,似枕在棺的后壁上,可能系被捆绑或杀死后置墓中。墓室西壁阴刻一幅壁画,高1.8、宽1.9米。画面上部横列二方连续卷须纹,其下似重叠帐幔,幔下有四条窄长飘带,壁画中部为卷头式供案。

石棺呈紫红色,质地细腻,松软而易于雕刻。整个石棺是六块石板(盖、左右侧板、前后档底)扣合而成,榫卯扣接严密。棺下无棺床,四角各用一长方形石块支垫。棺体呈长方棱形,长2.13米,前端高0.9、宽0.85米,后端高0.55、宽0.7米。棺体上部前倾。盖前部有卷轴式棺头,棺盖左右两侧抹角棱构成斜面。此棺严谨,比例适中,美观大方。棺体除底部外均雕饰花纹,刀法可分为浮雕、减地、线刻等。内容有缠枝宝相海石榴花、缠枝牡丹、蕙草、行云、双鹤、二十四孝人物、三角几何纹饰等图案。

棺盖前端的棺头正面两侧棱边上均有线刻蕙草边饰，上平面正中是减地平雕三朵硕大的宝相海石榴花图案。左右两边是二方连续三角形内似太阳放光芒的图案，每边刻 24 个三角形，每个三角形内有一个太阳放光图。棺盖抹角斜面与地平雕二方连续缠枝牡丹图案，每边 8 朵，花蕊均朝着太阳。棺盖四周棱边上全部是二方连续蕙草边饰图案。石棺左右两侧板四周边为 0.1 米宽减地平雕的缠枝牡丹饰带。左右侧板中间分 12 格，格内线刻二十四孝图，每幅均有题名。棺盖前横头上刻有引云对鹤纹。卷头前面刻行云纹饰。前档刻方形乳钉，半掩门，门缝站一穿长裙、梳长发髻的女子探身向外张望。门楣上有四方柱头，门上头有神龛式左右撩起的垂幔。门两侧雕刻有金钱花楹窗图案。后档刻有题记，楷书 8 行共 78 字。全文：西京河南府永安军奉基乡邓封村左村 / 居住税户王二翁三子同行大孝 / 打造石棺壹所宣和七年十一月 / 初五日大葬　乙巳年 / 孝男王三伯 / 孝男王十伯 / 孝男王十四 / 宣和七年乙巳岁　造石棺　蔡博士。

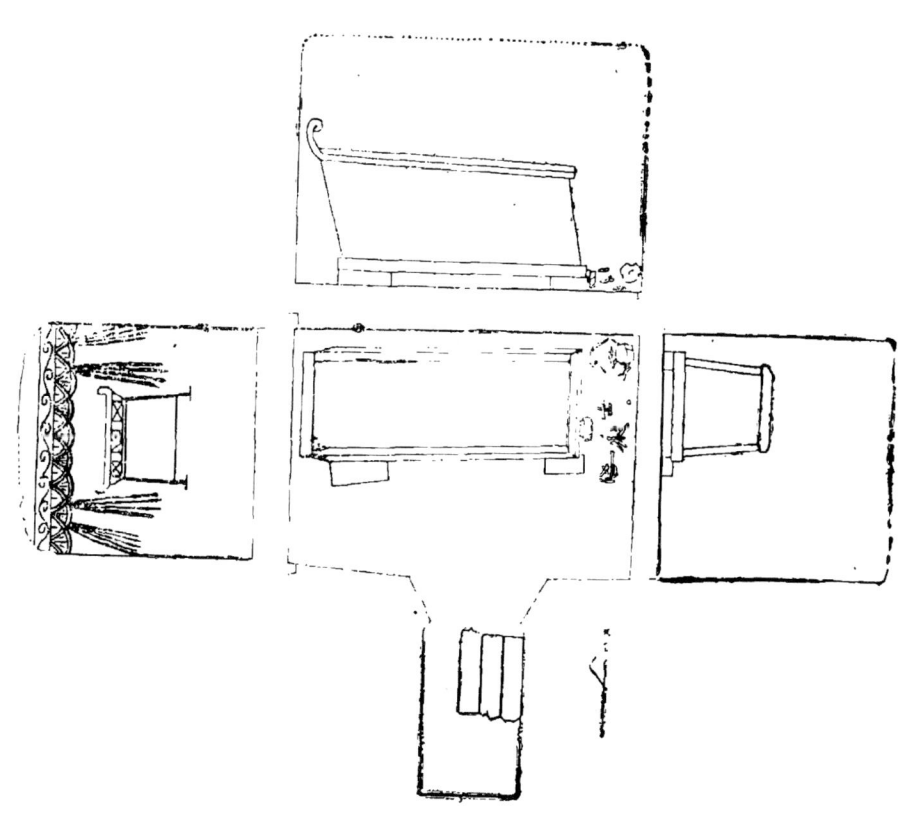

巩义西村宋代石棺墓石棺示意图

（二）孝子故事图案

石棺左右侧板中间分 12 格，格内线刻二十四孝图，每幅均有题名。左侧刻有"丁兰刻木""董永卖身""舜子事父""郭巨埋子""睒子悲箭""鲍山起熟""刘殷泣□""子骞谏父""伯瑜泣杖""曾参母齿指""武妻事家""陆绩怀桔"。右侧刻有"诗妻奉姑""元觉迥箐""田真""曹娥泣江""孟宗泣竹""莱奉亲孝""王祥卧冰""蔡母怕雷""杨香骑虎""赵孝宗""鲁义姑""刘明达"。棺两侧所刻二十四孝图与近世流传的二十四孝内容略有出入。

图一 1 丁兰刻木行孝线描图

1 丁兰刻木行孝图

◎ 画面中刻绘三人。右侧一名老妇人梳髻着长衫，笼袖端坐于凳上，前置一桌，桌上铺布置茶盏、盘等物品。老妇面前立夫妇二人，男子头戴幞头，身穿长袍，腰系带，身体前倾，双手握于胸前，呈鞠躬状。女子头梳髻，着交衽长裙站立于男子身后，两者表现出恭敬之样。画面左侧榜题"丁兰刻木"四字。

图一 2 丁兰刻木行孝图

2 | 董永卖身行孝图

◎ 画面中刻绘二人。画面右侧一男子头包巾，着长袍，抱拳身体微微向前倾斜，侧身站立，望向左上方。左侧上方刻一仙女梳髻戴花身着长裙站立于云端，周身散发出光芒。画面左侧榜题"董永卖身"四字。

图二 1 董永卖身行孝线描图

图二 2 董永卖身行孝图

| 3 | 舜子事父行孝图

◎ 画面中间刻画舜子头戴东坡巾，身穿长袍，腰系带。右臂屈肘于胸前，左手持一根似鞭杆的棍扛在左肩上，正面站立。舜子右手侧刻绘大象两头，空中有三只鸟，表现了舜子孝感天地，"象为之耕，鸟为之耘"的故事。画面左侧榜题"舜子事父"四字。

| 4 | 郭巨埋子行孝图

◎ 画面刻绘二人相向而立，左侧一男子身形高大，左臂抬手抚额，右手屈于腹前执锹把，铁锹向前下方拄地。右侧刻绘一妇人，身形较小，怀抱一幼儿，面向男子。地面已掘出数枚银铤，相互交叠，上方瑞气升腾。画面左侧榜题"郭巨埋子"四字。

图三 1 舜子事父行孝线描图

图四 1 郭巨埋子行孝线描图

图三 2 舜子事父行孝图

图四 2 郭巨埋子行孝图

5 郯子悲箭行孝图

◎ 画面中央刻绘五人一马一旗。画面右下方郯子面左,头戴双角鹿头帽,身披鹿皮坐于地上,其左上方中间一人骑马,面对郯子,右手执缰,身着圆领窄袖袍服。马右侧站一人,左手持旌旗肃立。马左侧站立两人均面对郯子;画面最右侧一人着紧身窄袖袍服、足穿靴,屈左手于左胸前,右臂藏于身后背一长剑状物。中间偏右站立一人,右臂曲肘手贴胸前,左臂曲肘向上手架一鹞。画面左侧榜题"郯子悲前","前"应为"箭"。

6 鲍山起熟行孝图

◎ 画面中央刻绘四人。右侧鲍山头戴毡帽面左仰视,双手拱手,两脚分开,似在行走,身后背篓中坐其老母。左侧一军官骑于马上,头戴盔,身披铠甲,右手勒缰。其右侧站立一军卒,双手捧一物递给鲍山。左上角榜题"鲍山起熟"四字。

图五 1 郯子悲箭行孝线描图

图六 1 鲍山起熟行孝线描图

图五 2 郯子悲箭行孝图

图六 2 鲍山起熟行孝图

| 7 | 刘殷泣□行孝图

◎ 画面刻绘两人，右上方云朵之上一仙人形象，手指向下方；左下方一男子虔诚地跪于地上，屈臂向上方伸出，其手上似有一小株宝物。左上角榜题"刘殷泣□"（第四字漫漶缺失）。

| 8 | 子骞谏父行孝图

◎ 画面刻绘六人，画面最右侧面左一人应为闵父，头戴冠，着圆领窄袖袍服，腰束带，右臂曲肘手指对面闵子骞，左臂自然下垂。中间面右闵子骞躬身向其父作揖，唯诺称是。画面左侧刻一站立妇人，怀抱一幼童，身左右各立一童子。左上角榜题"子骞谏父"四字。

图七 1 刘殷泣□行孝线描图

图八 1 子骞谏父行孝线描图

图七 2 刘殷泣□行孝图

图八 1 子骞谏父行孝图

9 伯瑜泣杖行孝图

◎ 画面刻绘四人,最左侧一人面右拱手恭立,右侧刻一老妇人端坐于门框内的圆凳之上,两臂屈肘,两手伸向画面左侧。老妇人右侧刻绘两人恭立。左上角榜题"伯瑜泣杖"四字。

10 曾参母齿指行孝图

◎ 画面刻绘两人,其中右侧一人形象稍显漫漶,站立于栅栏围成的院内,应是曾参母,左臂似举手指于颔下。左侧院门外刻绘一人,面向院内恭立,拱手施礼,身前放一担柴。左上角榜题"曾参母齿指"。

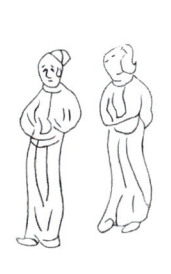

图九 2 伯瑜泣杖行孝线描图

图十 2 曾参母齿指行孝线描图

图九 1 伯瑜泣杖行孝图

图十 1 曾参母齿指行孝图

|11| 武妻事家图

◎ 画面左侧刻绘一老年妇人,身着右衽长袍,袖手盘腿坐于榻上。画面右侧地上坐一年轻妇人,头梳高髻,露出右腿,右手拿刀,正欲割肉。其身前摆有盘、盏等物品。左上角榜题"武妻事家"四字。

|12| 陆绩怀桔图

◎ 画面刻绘三人,最右侧男子身着宽袖右衽长衫坐于鼓形凳上,左手指前方小儿陆绩,另一只手抚膝,此人应为袁术。陆绩面部雕刻受损已不能释读,但隐约能见其手举桔子。陆绩身后站一男子,头戴幞头,应是陆绩之父陆康。左上角榜题"陆续怀桔"四字,"续"应为"绩"。

图十一 1 武妻事家行孝线描图　　　　图十二 1 陆绩怀桔行孝线描图

图十一 2 武妻事家行孝图　　　　图十二 2 陆绩怀桔行孝图

|13| 诗妻奉姑行孝图

◎ 画面左侧刻绘一妇人,右手屈臂于腰间持一长拐杖,左手抬起于额前,身左右各放置一提篮,其身前一步处有泉水涌动,且有两鱼探头出水面,似欲跃出。画面右侧有大面积缺损,无法解读。左上角榜题"诗妻奉姑"四字。

|14| 元觉迴箐行孝图

◎ 画面刻绘三人。右侧山丘之上坐一赤身老者,应是元觉的祖父。中间一人位于山下,头梳双髻面左,右臂屈肘右手于胸前,左手下伸提一箐,应是元觉。最左侧元觉父已离开山丘,侧身回首挥左手向元觉示意离去。左上角榜题"元觉迴箐"四字。

图十三 1 诗妻奉姑行孝线描图　　　图十四 1 元觉迴箐行孝线描图

图十三 2 诗妻奉姑行孝图

图十四 2 元觉迴箐行孝图

| 15 | 田真行孝图

◎ 画面刻绘田真兄弟三人。中间一株紫荆树，树下地面放有元宝等物。树右侧一人身着圆领窄袖袍服，腰束带，两手拱于胸前。树左侧刻绘二人，一人环抱双臂于胸前，另一人右手笼袖抬于下颌，左手下垂侧指地面。左上角榜题"田真"二字。

| 16 | 曹娥泣江行孝图

◎ 画面右下方刻绘曹娥头披孝巾，身着长袖孝服，腰束带，右手握拐杖于身右侧，左手下垂，长袖飘飘，面对空阔的江面，似在哭泣。左上角榜题"曹娥泣江"四字。

图十五 1 田真行孝线描图

图十六 1 曹娥泣江行孝线描图

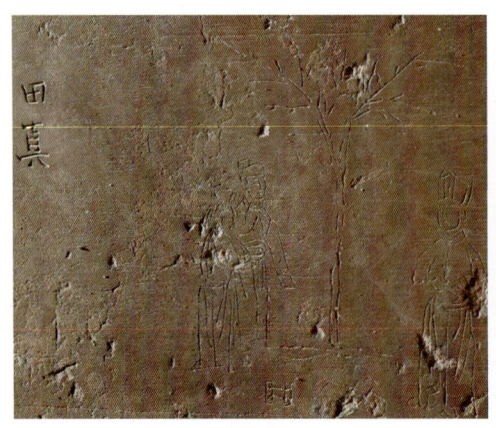

图十五 2 田真行孝图

图十六 2 曹娥泣江行孝图

|17| 孟宗泣竹行孝图

◎ 画面中央刻绘五竿竹竿，示意为竹林，竹林右侧一人跪于地，右手举袖而泣，身右侧放一竹篮，竹竿根部周围已生出数棵竹笋。左上角榜题"孟宗泣竹"四字。

|18| 莱奉亲孝行孝图

◎ 画面刻绘三人。右侧莱子年迈的父母端坐于圆形凳上，左侧老莱子面右跪在地上，双手拿一玩具表演，地面放置三件杂耍玩具。左上角榜题"莱奉亲孝"四字。

图十七 1 孟宗泣竹行孝线描图

图十八 1 莱奉亲孝行孝线描图

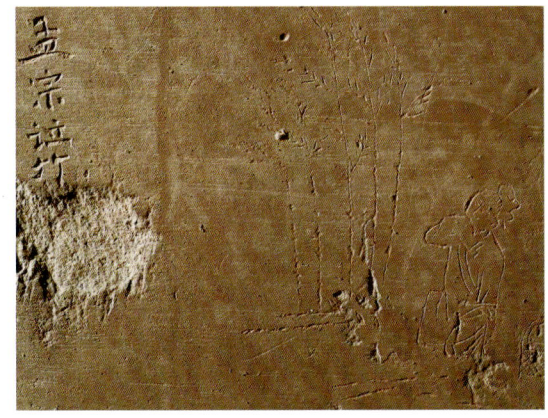

图十七 2 孟宗泣竹行孝图

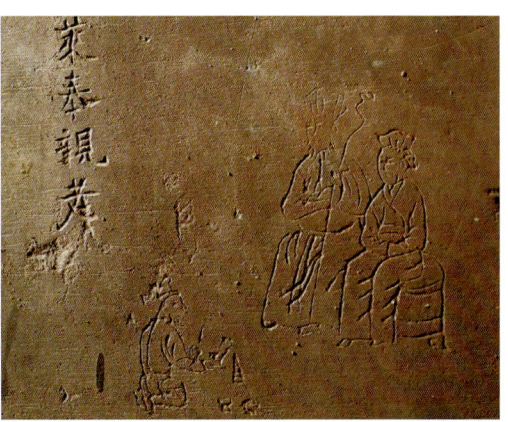

图十八 2 莱奉亲孝行孝图

| 19 | 王祥卧冰行孝图

◎ 画面刻绘一人赤身露体,侧卧于冰面之上,身下冰面有三条鱼将鱼头探出。上方一物,刻画简略,似为王祥衣物。左上角榜题"王祥卧冰"四字。

| 20 | 蔡母怕雷行孝图

◎ 画面刻绘四人。一男子身着长袍正弓腰作揖,其对面有一身着铠甲的武士,周身被火焰所包围,呈威严状,此应为雷神。雷神左右两侧各站武士一名,手举长剑,似在守护。左上角榜题"蔡母怕雷"四字。

图十九 1 王祥卧冰行孝线描图

图二十 1 蔡母怕雷行孝线描图

图十九 2 王祥卧冰行孝图

图二十 2 蔡母怕雷行孝图

第二章 洛阳宋金石棺上的孝子故事线刻

21 杨香骑虎行孝图

◎ 画面刻绘二人一虎。正中一妇人骑在匍匐在地的猛虎之上，身后衣带飘起，应是杨香。右下方刻绘一人作奔走状，应是杨香之父。左上角榜题"杨香骑虎"四字。

22 赵孝宗行孝图

◎ 画面刻绘四人。右侧两人身着长袍，腰束带，面向左侧一将军躬身施礼。将军坐于一块岩石之上，头戴冠，身披甲，左手握剑，横剑于腰间，右手按于胯部，似在问话。将军身左侧站立一军士，手持一杆飘扬的旌旗。左上方榜题"赵孝宗"三字。

图二十一 1 杨香骑虎行孝线描图

图二十二 1 赵孝宗行孝线描图

图二十一 2 杨香骑虎行孝图

图二十二 2 赵孝宗行孝图

23　鲁义姑行孝图

◎ 画面刻绘五人。右下角一妇人怀抱一幼童，足下地面假爬一幼童。左侧一将军面右骑马勒缰，身侧一军士手持旌旗、宝剑肃立于右侧。左上角榜题"鲁义姑"三字。

24　刘明达行孝图

◎ 画面刻绘四人一马，均位于画面右下方。居中一人骑于马上，身着圆领宽袖袍服，一手勒缰，一手抱一幼童。马左右两侧各站一人，似军卒。最左侧一妇人头束高髻面右，身着窄袖长裙，双手向前作欲接幼童状。左上角榜题"刘明达"三字。

图二十三　1 鲁义姑行孝线描图

图二十四　1 刘明达行孝线描图

图二十三　2 鲁义姑行孝图

图二十四　2 刘明达行孝图

五、宜阳北宋画像石棺

(一) 石棺形制

1995年12月，宜阳县莲庄乡坡窑村西发现一古墓被盗。经勘察为一土洞墓，墓道向南，直井竖穴，距地表深8.6米，墓室东西长3.4、宽2.6、高2.2米，墓内仅存一画像石棺。石棺为青色石灰岩质，表面磨光，棺前部高而宽，后部矮而窄，形体厚重。棺由盖、两帮、前档、后档、底组成。盖平顶，四边斜刹。长1.79米，前宽0.9、厚0.16、后宽0.7、厚0.13米，前斜坡0.1、后斜坡0.15米，左右斜坡0.16米，两帮近平行四边形，长1.62米，前高0.32、上厚0.11、下厚0.14米，后高0.3、厚0.7米；前挡高0.35、上宽0.79、下宽0.81米；后档高0.285、上宽0.577、下宽0.58米；底长1.68、厚0.15米。

石棺所绘纹饰、人物均为单线阴刻，盖顶为疏密有致的卷枝牡丹图案。四刹为繁缛的缠枝牡丹图案。画技娴熟，线条流畅。底座四周为连续卷云纹，寓意墓主人升仙。前档为墓主夫妇饮茶图，后档为收获图，左右两帮各刻5幅孝子烈女图。

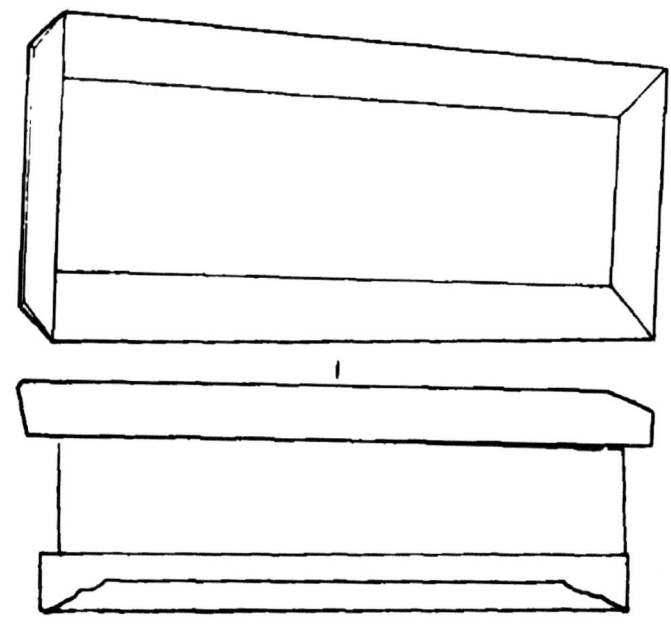

宜阳北宋画像石棺示意图

(二) 孝子故事图案

石棺左右两帮各刻5幅孝子烈女图，均有榜题，左帮榜题在左上角，右帮榜题在右上角。每幅画面平均高29、宽30厘米。图一至图五位于石棺的左帮，图六至图十位于石棺的右帮。孝子烈女故事画像为阴线刻，刚劲流畅，人物造型准确生动，为研究北宋时期绘画、服饰、礼俗等提供了准确的资料。

1　田真行孝图

◎ 左上角榜题"田真"，画面为田真兄弟三人，一株紫荆树，地面放有元宝等物。三人头皆裹唐巾，着圆领窄袖袍服，腰束带。中间一人面向左，右手扶树；左一人面仰视，左臂曲肘向上伸大拇指，右臂曲肘握拳；右一人左臂曲肘向上，手藏袖内，右手扶树，作痛苦拭泪状（线描图引自发掘报告）。

图一　田真行孝线描图

2　老莱行孝图

◎ 左上角榜题"老莱"，画面四人。右老莱子年迈的父母在桌两旁对坐面左，桌上放盏二、注子一。老莱子面右跪在地上，左手拿一玩具表演，地面放置五件三种杂耍玩具，老莱子左侧站立一头梳双髻的少年，弯腰手执鼓助兴（线描图引自发掘报告）。

图二　老莱行孝线描图

3　舜子行孝图

◎ 左上角榜题"舜子"，画面一人二象一野猪，空中飞翔三鸟。舜子头戴东坡巾，面左，身着圆领窄袖袍服，左臂曲肘手握一棍扛在肩上，右手半握。两只大象面左，大耳小眼，长鼻卷曲，一对象牙直伸，体肥胖，小尾。奔走野猪长嘴小眼，鬃毛竖起，体肥壮，尾巴半翘（线描图引自发掘报告，原图不全）。

图三　舜子行孝线描图

4 韩伯行孝图

◎ 左上角榜题"韩伯",应为"韩伯瑜",画面韩伯瑜夫妇和年迈老母三人。右韩母面左,左手握拐杖,右手食指指前,面对韩伯瑜端坐在鼓座上。韩母右韩伯瑜妻面向韩母,双手于胸前抱一罐,左韩伯瑜面右,对母拱手施礼。(线描图引自发掘报告)

图四 韩伯行孝线描图

5 袁觉行孝图

◎ 左上角榜题"袁觉",画面三人。右山丘上坐一赤身老者,即袁觉的祖父,袁觉头梳双髻面左,左臂屈肘手指展开向上,右手提肩舆,左袁觉父已离开山丘,侧身回首挥左手向袁觉示意离去(线描图引自发掘报告,原图不全)。

图五 袁觉行孝线描图

6 刘明达行孝图

◎ 右上角榜题"刘明达",画面四人一马。左马首向左,昂首竖耳,披鬃,体壮,作奔走状,长尾拖地,马上骑一人,头戴唐巾面右,身着圆领宽袖袍服,左手勒缰,右手抱一幼童,马前站一人,抹额面右,身着圆领紧袖襦袄衫,似军卒,右一妇人头束高髻面左,身着窄袖长裙,肩披帛带折腋下后飘,双手向前作欲接幼童状(线描图引自发掘报告)。

图六 刘明达行孝线描图

| 7 | 睒子行孝图

◎ 右上角榜题"睒子"(郯子),画面五人一马。左郯子少年模样,面右,身披双角鹿皮坐地,右中间一人骑马,头戴唐巾,面对郯子,右手执缰,身着圆领窄袖袍服。马左右各站一人,左一人面对郯子;右一人面侧向马,均头戴幞头,着紧身窄袖袍服,足穿靴。中间偏左站立一人,左臂曲肘手贴胸前,右臂曲肘向上手架鹞鹞(线描图引自发掘报告)。

图七 睒子行孝线描图

| 8 | 姜诗行孝图

◎ 右上角榜题"姜诗",画面三人。右姜诗母面左,端坐鼓座上,左手握拐杖,右手指前,左姜诗面右,躬身拱手,身旁其妻面右,交臂躬身站立(线描图引自发掘报告)。

图八 姜诗行孝线描图

| 9 | 鲍山行孝图

◎ 右上角榜题"鲍山",画面四人。右鲍山头戴毡帽面左仰视,着襦袄衫,下穿裤,躬身拱手,身背篓,篓中坐其老母。左战马上一军官面右,头戴尖顶盔,护耳外沿上翻,身披铠甲,腰束带,下着裤,足穿靴,右手勒缰。其画面中间站立一头裹抹额军卒,双手捧一筒状物递给鲍山(线描图引自发掘报告)。

图九 鲍山行孝线描图

|10| 曹娥行孝图

◎ 右上角榜题"曹娥",曹娥头裹孝巾,身着长袖孝服,腰束带,左手握拐杖,右手贴在脸上作抹泪状,面对波涛汹涌的江水,表情凄婉,波涛中有一头骨,象征曹父(线描图引自发掘报告,原图不全)。

图十 曹娥行孝线描图

六、巩义米河半个店宋画像石棺

(一)石棺形制

石棺长2.32、宽1.50、高1.25米。风化严重,棺盖断裂为两部分,有多处划痕,棺身左侧断裂为三部分,右侧断裂为两部分,右下角缺损,底座四角均有缺失。

(二)孝子故事图案

石棺左右两帮各刻4幅孝子故事图,无榜题。图一至图四位于石棺的右帮,图五至图八位于石棺的左帮。孝子故事画像为阴线刻画,笔画流畅,人物造型准确生动,为研究北宋时期绘画、服饰、礼俗等提供了准确的资料。

1 鲁义姑行孝

◎ 画面刻绘四人。右侧一妇人怀抱一幼童，足下地面偎爬一幼童。左侧一人身着官服面右骑马勒缰，左手执鞭前指妇人。

2 丁兰行孝

◎ 画面中刻绘二人，左侧一名老妇人梳髻着长衫，笼袖端坐于凳上，身前置一香炉，正在燃香。右侧立一男子，身穿长袍，腰系带，身体前倾，双手握于胸前，呈鞠躬状。

图一 1 鲁义姑行孝线描图　　　　　图二 1 丁兰行孝线描图

图一 2 鲁义姑行孝图

图二 2 丁兰行孝图

3 元觉行孝图

◎ 画面刻绘三人。右侧山崖上坐一赤身老者，应是元觉的祖父，居中下方一人头梳双髻面左，左臂屈肘身前，右手提肩舆，应是元觉，左侧一人侧身回首，挥左手向元觉示意离去，应是元觉父亲。

4 管鲍行孝图

◎ 画面刻绘3人，左前方两人身着长袍，裹巾束发，相对拱手而立，神态娴雅、谦让，似在交谈，两人足后各横置一大布囊，两布囊中间有两块均分的金块。右后方一人，头戴帽，身着圆领窄袖袄，腰束带，下穿裤，左手扶锄，右手遥指金条，似在为两人分说。画面表现的应是"管鲍分金"的故事。

图三 1 元觉行孝线描图　　　　　图四 1 管鲍行孝线描图

图三 2 元觉行孝图

图四 2 管鲍行孝图

| 5 | 刘明达行孝图

◎ 画面刻绘四人。右侧一官员骑于马上，怀内抱一婴儿，婴儿做挣扎状，两手伸前向，指向左侧一妇人。马前居中站立一妇人，双手交臂于胸前，最左侧站立一男子。

| 6 | 曾参行孝图

◎ 画面刻绘二人。左侧一老年妇人，双手笼袖端坐于椅上，右侧一男子正向她躬身施礼，男子身前放置一担柴。

图五 1 刘明达行孝线描图

图六 1 曾参行孝线描图

图五 2 刘明达行孝图

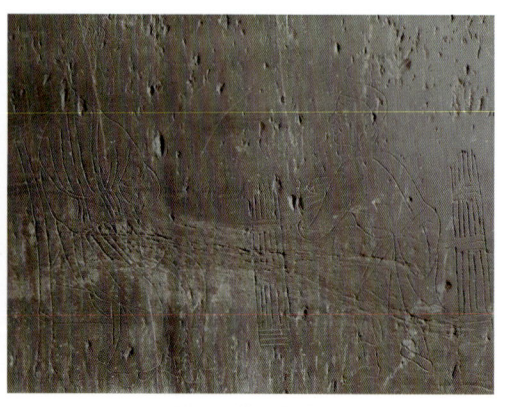

图六 2 曾参行孝图

7 赵孝宗行孝图

◎ 画面刻绘三人，左侧面右一官员端坐于椅上。右侧面左并排拱手站立二人，神情恭谨。

8 姜诗行孝图

◎ 画面刻绘二人，右侧刻绘一老年妇人面左，左手屈臂于胸前握持一长拐杖，右手抬起前指。左侧一年轻妇人，双手交于胸前恭立，其身前一步处有泉水涌动，且有鱼探头出水面，似欲跃出。

图七 1 赵孝宗行孝线描图

图八 1 姜诗行孝线描图

图七 2 赵孝宗行孝图

图八 2 姜诗行孝图

—— 登封黑山沟宋代壁画墓

—— 登封高村壁画墓

—— 巩义涉村宋代壁画墓

—— 宜阳仁厚宋代壁画墓

—— 嵩县北元村宋代壁画墓

第三章 洛阳宋金壁画墓中的孝子故事壁画

洛阳地区发现的宋金壁画墓同样出现有不少描绘孝子故事的壁画，本书搜集到的有：登封黑山沟宋代壁画墓、登封高村壁画墓、巩义涉村宋代壁画墓、宜阳仁厚宋代壁画墓、嵩县北元村宋代壁画墓，现分别予以详述。

第三章 洛阳宋金壁画墓中的孝子故事壁画

一、登封黑山沟宋代壁画墓

(一) 墓葬形制

　　1999年8月，在登封市城关镇以南3公里的黑山沟村，一位村民在其院内挖地窖时，发现一座宋代壁画墓。该墓南北向，方向193°，为仿木结构砖砌单室墓，由墓道、墓门、甬道、墓室组成，深5米。墓道位于甬道南端，阶梯式，长7、宽0.75米，墓门砌有砖雕门楼，高1.2、宽0.65米。其上绘有壁画，惜已毁。墓门内为甬道，砖券拱顶，长0.8、宽0.65、高1.2米，两壁及顶涂有白灰。封门砖砌了内、外两层，墙厚0.7、高1.3米。其中外层在墓门口，为青砖平铺斜砌；内层在甬道内，为纵砖侧立。

　　墓室平面呈八角形，每边长0.8、直径2.45米，通高3.3米。棺床高于甬道底0.15米，平面呈"凹"字形，青砖铺就。墓室各壁均砌成仿木结构，自下而上分为三部分。其中墙壁各角均砌出抹角倚柱，无柱础，柱高1.35米，柱间砌阑额和普拍枋。墓室墙壁绘有壁画，北壁用砖砌筑假门，上饰2个长方形门簪，门上绘有卷起的竹帘。在中部转角处柱头上，砌有8个六铺作重拱单抄双下昂斗拱，令拱上有替木、撩檐枋，拱眼壁上为8幅独立的壁画。顶部为八角攒尖顶，其下部用砖砌出垂花饰。斗拱与垂花饰之间还有8幅壁画。

　　在墓室中出土一块朱书带字砖，长方形，长33、宽16厘米，上写"今记绍圣肆年十二月二十九日"。墓中出土石质买地券一块，方形，长39、宽38、厚10厘米。上刻券文，共17竖行，265字。

第三章 洛阳宋金壁画墓中的孝子故事壁画

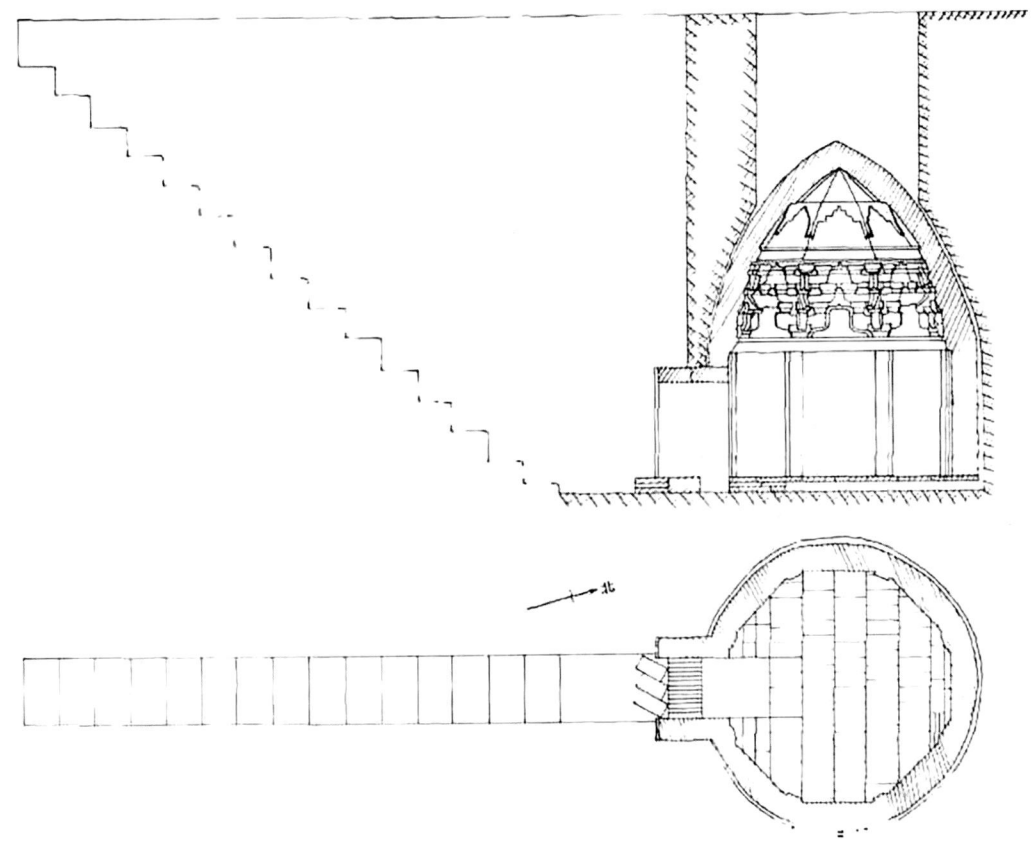

登封黑山沟宋代壁画墓平、剖面图

(二) 壁画

　　墓室各壁均在地仗上绘出壁画，墓顶、建筑构件则直接在白灰层上绘出图案。墓室内壁画计22幅，自下而上依建筑结构分为三部分。墓室墙壁共有7幅，绘画内容主要是反映墓主人的日常生活场景；拱眼壁共8幅，均为行孝图；斗拱与垂花饰之间共有8幅壁画，内容以祥云、仙人为主。此外，墓顶各壁交替绘团花纹和几何纹。

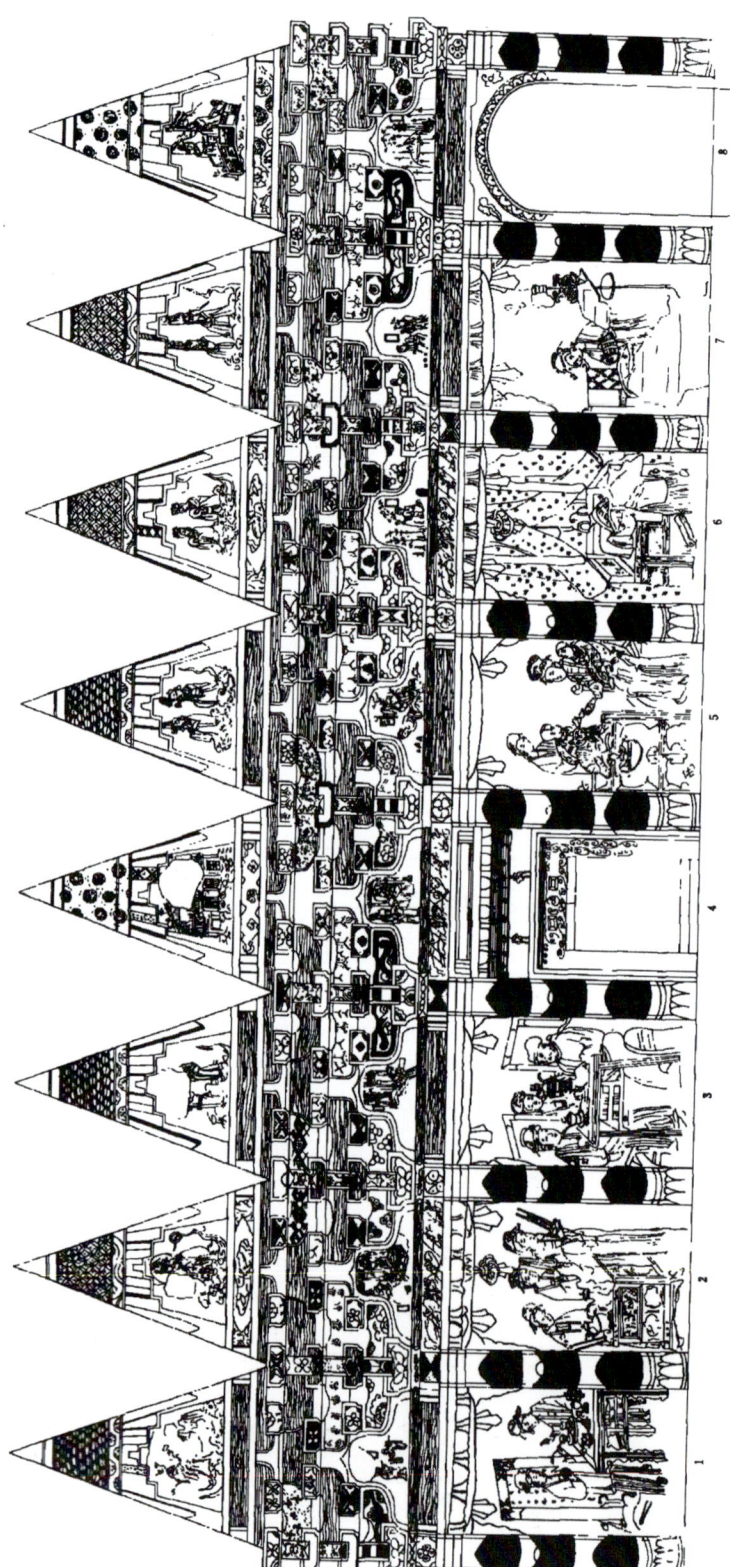

登封黑山沟宋代壁画墓壁画展开示意图

（三）孝子故事壁画

8 幅行孝图壁画分布在拱眼壁，图一至图八依次排列于西南壁、西壁、西北壁、北壁、东北壁、东壁、东南壁、南壁。

1 曾参行孝图

◎ 左侧绘一老妇人，右手持行杖，左手前伸指向对面一男子。该男子身着短衫，腰间系带，躬身向老妇人施礼。旁侧地上置一担柴。此画面为"参母啮指，参心痛，负薪而归"的故事。

2 王武子行孝图

◎ 左下角榜题"王武子"。门口竹帘高卷，左侧为灶间，右侧为居室。门前设一台式坐榻，榻上盘腿坐一老妇人，榻前有一丫环，双手托盏递向榻上妇人。左侧一中年妇人蹲在地上，双手持一圆形器皿。此画面为"王武子行孝，乳姑不怠"的故事。

图一 1 曾参行孝线描图

图一 1 王武子行孝线描图

图一 2 曾参行孝图

图二 2 王武子行孝图

3 | 董永行孝图

◎ 图绘一高台阶大门,门前站一男子,头戴幞头,身着圆领窄袖长袍,腰间系带,右手遮于额际,正向上眺望。半空祥云之上立一女子,头梳蝶状髻,身穿红色宽袖长裙,双手合拢,回首俯视右下方男子。此图讲述的是"董永行孝,卖身葬父"的故事。

4 | 丁兰行孝图

◎ 左上角榜题"丁兰"。居中绘一牌楼式神位,前设一长方形桌,上放供物。桌子后面的椅子上端坐一妇人。桌前站立男女二人,双手合于胸前,神态十分恭敬。此画面为"丁兰刻木,事亲行孝"的故事。

图三 1 董永行孝线描图

图四 1 丁兰行孝线描图

图三 2 董永行孝图

图四 2 丁兰行孝图

5 王相行孝图

◎ 左上角榜题"王相"。画面正中一人赤身卧于冰上,身旁有鱼跃出水面。旁立一人,左手抬至胸前,右手举至额,作吃惊状,身后有一竹篮。二人身后有一棵树,树叶落尽,仅余枝干,以示寒冬,上挂王相衣服。此画面为"王相(祥)卧冰求鲤"的故事。

6 孟宗行孝图

◎ 画面为一片竹林,竹下一人跪于地,右手扶竹,左手掩面而泣,身左侧放一竹篮,丛竹周围已生出数棵竹笋。此画面为"孟宗哭竹生笋"的故事。右上角榜题缺失。

图五 1 王相行孝线描图

图六 1 孟宗行孝线描图

图五 2 王相行孝图

图六 2 孟宗行孝图

7 郭巨行孝图

◎ 画面中央绘一妇人，怀抱一幼儿。身右立一男子，正在掘地，已掘出数枚银铤，两两呈十字交叉。此画面为"郭巨埋儿得金"的故事。画面上部榜题缺失。

8 王亦行孝图

◎ 松林中有一坟丘，墓前一人头戴笠巾，身着白色孝服，伏坟痛哭。身后竖一八棱经幢，半空还绘一旋转的雷公。此画面为"王亦闻雷泣墓"的故事。右上角榜题缺失。

图七 1 郭巨行孝线描图

图八 1 王亦行孝线描图

图七 2 郭巨行孝图

图八 2 王亦行孝图

二、登封高村壁画墓

(一) 墓葬形制

2003年郑州市文物考古研究所与登封市文物局在登封市告成镇高村清理出一座宋代壁画墓，该墓为斜坡墓道单室砖券墓，方向192°，深5米，由墓道、墓门、甬道、封门砖、墓室五部分组成。

墓道位于甬道南端，长方形，呈阶梯式，北部开一天井。墓道总长6.96米，宽0.7米。共15级阶梯，台阶宽0.3米，高0.2米—0.56米。天井长1.76米，宽0.7米。墓门位于甬道与墓道之间，下部由立颊、门额、上额组成，上部为门楼。立颊宽0.15米，高1.47米，立颊内露出甬道券顶。门额宽0.69米，高0.14米，两侧饰两个栀花形门簪。上额抹角，宽0.69米，高0.05米。上额之上为普拍枋，其上置一计心造四铺作。栌斗下设皿板，上伸出一昂及泥道拱，昂上置耍头、令拱，令拱上为素枋、抹角撩檐枋、椽、檐、仰覆瓦、脊。墓门通高2.28米，宽0.65米。甬道位于墓室南壁正中，砖券，单层拱顶，两壁涂抹白灰，下有地仗。长1.32米，宽0.9米，高1.3米。甬道南部封堵两道封门砖，南一道纵砖错角平铺至甬道顶，外有4层横砖平铺，高1.5米。北一道横砖平铺，高1.3米。墙总厚0.56米。从平地往下挖一直桶状土坑，然后在坑内砖砌墓室，呈八边形，每边长0.8米，墓室直径2.4米。室内青砖铺地，单层，高于甬道底0.25米，形成倒"凹"字形棺床。棺床前一极短空地，与甬道底平，长0.08米，宽0.9米，空地东、西、北三面为棺床的壁砖上涂白灰。墓室自下而上分为四部分：下部内壁连接处砌8个抹角倚柱，因涂有地仗，抹角不明显，柱高1.38米，无柱础，柱间砌阑额、普拍枋。南壁中为甬道，北壁设一假门，由门砧、地栿、立颊、门额、槏柱、上额、门扇组成，门扇一扇半掩，门额上两长方形门簪，簪端盝顶。西南、东南两壁中部各有一小耳室，顶逐层收杀成梯形。中部转角处柱头上设8个转角铺作，均为四铺作单抄计心造。栌斗上有华拱、泥道拱，泥道拱上承慢拱，做成鸳鸯交手拱形式。华拱上置耍头、令拱，令拱上有替木，上承橑檐枋。以上为8个梯形界面，界面内用砖砌出垂花饰。顶部为攒尖顶。墓残高3.2米。

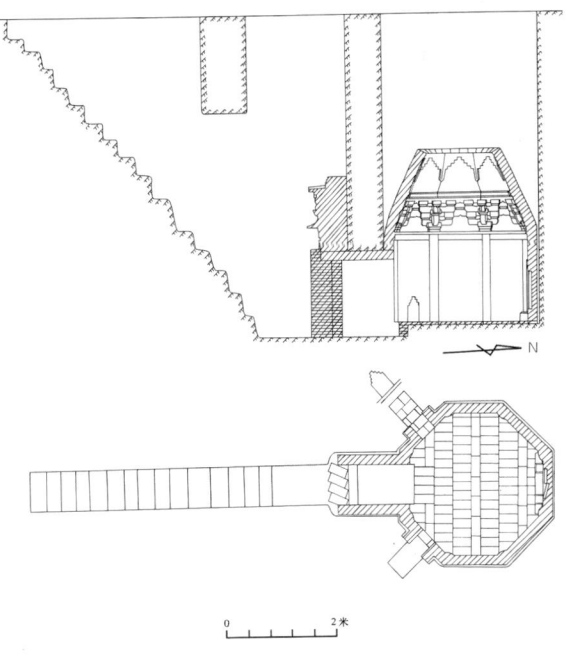

登封高村壁画墓平剖面图

(二)壁画

壁画分为人物壁画、木作彩画及墓顶彩画三种。人物壁画均绘在白灰面上,白灰下为草拌泥地仗,而木作彩画及墓顶彩画白灰层下均无地仗。

墓室下部南壁中设甬道,甬道两侧绘有壁画,如出行图、烙饼图、升仙图、备宴图、宴饮图、侍洗图;拱间壁人物壁画共 8 幅,均为行孝图;墓室上部绘制人物壁画 8 幅。墓门、墓室南北壁、倚柱、阑额、普拍枋、铺作上绘制木作彩画。墓顶彩画砖砌垂花饰上绘红、蓝条彩,垂花饰以上八个界面绘红色方胜,胜心绘莲花。

登封高村壁画墓展开示意图(一)

第三章 洛阳宋金壁画墓中的孝子故事壁画

登封高村壁画墓展开示意图(二)

(三)孝子故事壁画

8幅行孝图壁画分布在拱间壁,图一至图八依次排列于西南壁、西壁、西北壁、北壁、东北壁、东壁、东南壁、南壁。

1 蔡顺行孝图

◎ 左上方题记"蔡顺",画面中绘三人。左侧一人,头戴无脚幞头,着红色团领袍,腰束黑带,足着靴,眼望对面军头,拱手施礼,身前地上放置一篮、一巾。军头头戴缨盔,身披铠甲,坐于一块岩石上,左手摁腰,右手前指,质问前人。身旁站立一军士,头扎巾,身披裲裆甲,手握旗杆(也可能是兵器),面无表情,注视施礼人。画左下角、右下角绘山峦。画面表现的是"蔡顺拾椹供亲"的故事。

2 赵孝宗行孝图

◎ 左上方题记"赵孝宗",画中绘四人。左侧两人,一人头戴黑色幞头,身着红色团领袍,腰束白带,下着黑裤,足着鞋,躬身施礼,向对面军头哀求什么。身左一人,头戴无脚幞头,白袍,红带,亦拱手作揖,眼望军头。军头坐于山前一块岩石上,头戴兜鍪,身着红色战袍,外罩铠甲,左手摁于胯部,右手前指,厉声呵问对面红衣人。身右站立一军士,头戴兜鍪,着白色战袍,手持红旗。画面表现的是"赵孝宗行孝"故事。

图一 1 蔡顺行孝线描图

图二 1 赵孝宗行孝线描图

图一 2 蔡顺行孝图

图二 2 赵孝宗行孝图

3 丁兰行孝图

◎ 左上方题记"丁兰"。右侧台基上立两檐柱，柱间悬红色幔帐，帐下一年老妇人，头梳高髻，包以白巾，着淡蓝色褙子，袖手坐于搭脑上卷的靠背椅上。身前一长方案，案衣淡青色，沿下红色，案上似放有物品。案前站立两人，男子头戴黑色幞头，着蓝色团领袍，面向老妇人施礼。身左女子头梳高髻，包以红巾，着红色交领窄袖襦，下着粉红色曳地长裙，拱手，眼望男子。画面表现的是"丁兰刻木事亲"故事。

4 王武子行孝图

◎ 左上方题记"王武子"。右侧绘一低台建筑，青瓦覆顶，柱檐下红色幔帐高悬，柱间置一长方形卧榻。一老年妇人，头梳高髻，系以红带，着白色交领襦，下着白裙，袖手盘腿坐于榻上。阶前地上坐一年青妇人，髻系红巾，红襦，粉红裙，左手撩裙，露出右腿，右手拿刀，正欲割肉。身后柱前袖手立一侍女，白襦，红裙，默默注视妇人。画面表现的是"王武子割股奉亲"的故事。

图三 1 丁兰行孝线描图

图四 1 王武子行孝线描图

图三 2 丁兰行孝图

图四 2 王武子行孝图

5 尧舜子行孝图

◎ 右下方题记"尧舜子"。画右绘一男子,头戴黑色幞头,身着黑色团领窄袖袍,内着交领衫,袖手,臂肩间挟持一鞭,正迈步行走。男子右前方并排两象,象前一前一后有两头黑猪,均俯首而行。空中七鸟,来回飞翔。画右下角绘山。画面表现的是"舜孝感动天,大象耕田"的故事。

6 韩伯愈行孝图

◎ 左上方题记"韩伯愈"。画右绘一低台建筑,青瓦覆顶,檐柱间悬红色幔帐。帐下一妇人,头梳髻,包以白巾,着白色交领窄袖襦,下着粉红裙,左手挂一短棍,右手前指一男子,坐于座墩之上,座墩罩红衣。身后立一屏风,黑桯,桥式底座,屏心草书,字不识。身前男子,头戴幞头,着红色团领窄袖袍,拱手与妇人说话。画面表现的是"韩伯愈泣杖行孝"的故事。

图五 1 尧舜子行孝线描图

图六 1 韩伯愈行孝线描图

图五 2 尧舜子行孝图

图六 2 韩伯愈行孝图

|7| 孟宗行孝图

◎ 右上方题记"孟宗"。左绘四棵竹子，竹周生出九棵竹笋。竹前一人，头扎巾，身着粉红色宽袖袍，足着鞋，坐于地上，左手放于腿上，右手支膝，掩面哭泣，身后置一竹篮。篮后立一妇人，头梳高髻，身着粉红色交领宽袖襦，下着白裙，足着鞋，身略前倾，右手前伸，似在劝说前者。画面表现的是"孟宗行孝，哭竹生笋"的故事。

|8| 王祥行孝图

◎ 中上部题记"王祥"，画面绘三人。左侧一人，头戴扎巾，着短裤，卧于冰上，身旁二鱼跃出水面，衣服挂于岸边树枝上。右侧岸上两妇人，头扎巾，着粉红色交领宽袖襦，下着曳地长裙。一人右手抬至额际，目露诧异。一人拱手，默然注视冰上之人。画面表现的是"王祥卧冰求鲤"的故事。

图七 1 孟宗行孝线描图

图八 1 王祥行孝线描图

图七 2 孟宗行孝图

图八 2 王祥行孝图

三、巩义涉村宋代壁画墓

(一) 墓葬形制

2002年10月,巩义市交通部门在拓宽豫31号公路(巩义至许昌)涉村段时,于村北路边断崖上掘出一壁画墓,郑州市文物考古研究所闻讯后赶往现场,发现墓道已被铲车铲去,并伤及甬道西壁及墓道北壁。

墓为单室砖券墓,方向190°,深5.4米,由墓道、墓门、甬道、封门砖、墓室五部分组成。墓道位于甬道南端,仅存部分北壁及小部分东壁,北壁下部残留土雕,似为牡丹花。墓道宽0.9米,深5.4米。墓门位于墓道与甬道之间,宽0.6米,高1.2米。墓道北壁上雕成为墓门上方之装饰。甬道位于墓室南壁正中,砖砌拱顶,两壁所涂白灰脱落,长0.4米,宽0.6米,高1.2米。封门砖已毁,砌法不清,砖大小不一,长28—32厘米,宽14厘米,厚4厘米。墓室从平地往下挖一袋状土坑,然后在坑内砖砌墓室,大致呈圆形,直径2.1米。由于圆形墓壁上砌有抹角倚柱,墓室又有了南壁、西壁、北壁、东壁之分,其中南壁宽1.47米,西壁宽1.4米,北壁宽1.5米,东壁宽1.35米。室内未见铺地砖,底与甬道底平。墓室自下而上分为三部分:下部南壁中部设甬道,壁稍直,两侧砖砌倚柱。北壁弧曲,下部砖砌假门,由地栿、立颊、门额、槫柱、上额、门扇组成,假门外为直棂窗。北壁两侧亦砌倚柱。倚柱高1.32米,无柱础。柱间有影作倚柱,一长三短;又有横向影作阑额。倚柱顶有普拍枋。西壁下部砌长方形直足矮桌一、高几一。东壁下部砌直足直枨桌子一,桌旁两靠背椅。中部柱头上设八朵转角铺作。栌斗陷于普拍枋中,栌斗上伸出一乳栿头、一泥道拱,泥道拱心斗上置一批竹昂并一慢拱,慢拱之上未见素枋、撩檐枋。铺作之栌斗、散斗、心斗均用二砖砌成,上层砖内收,以配合墓壁收进。墓顶为攒尖顶,八个壁面用二道侧砖作为分界,砖高于壁面。墓室通高3.1米。

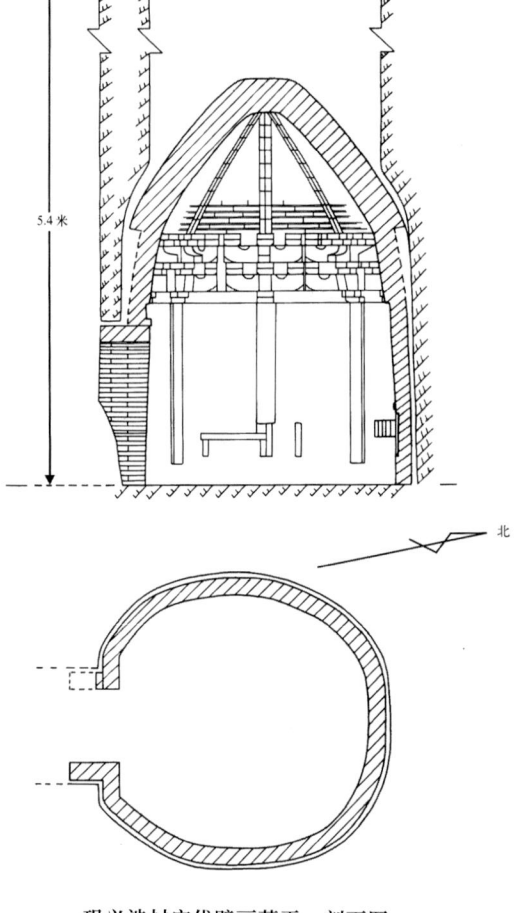

巩义涉村宋代壁画墓平、剖面图

(二)壁画

壁画分为人物壁画、木作彩画及墓顶彩画三种。人物壁画及墓顶彩画绘在白灰面上,白灰下地仗厚薄不均。木作彩画白灰面下无地仗。

墓室下部各壁均绘制人物壁画,可见二十九人。该墓有砖砌倚柱、普拍枋、铺作、门窗、桌、椅、几,同时大量使用了影作形式,表现在倚柱、阑额、门楼顶、柜等方面。墓顶彩画存在脱落现象。涉村壁画墓倚柱、铺作仅用红、黄、靛青三色,看上去明快艳丽。人物、禽兽除白、红、黄三种主色外,尚有灰、粉红、淡蓝等彩,这在宋代壁画墓中极为少见。

巩义涉村宋代壁画墓壁画展开示意图

(三)孝子故事壁画

涉村壁画墓顶部彩画脱落,有无行孝人物不清楚;若无,则铺作与阑额间所绘五郡结义兄弟拜见长辈等内容,已是豫西宋墓行孝故事的先声。六幅"五郡兄弟"孝子图位于墓室东壁、西壁、北壁的上部。孝子题材在北宋中原地区墓葬中较常见,但多幅图表现一个题材或故事,难以判断图像所在各壁面之间的顺序关系,在此以张保卿先生的观点为基准对"五郡兄弟"壁画进行解读。

第一幅 东壁上部之左

绘三人。左一人站立，头戴幞头，着白色团领窄袖袍，前襟掖起，露出黄色内衣，下着裤，裤管扎束，左手叉腰，右手抬于胸前，眼望地上二人。中一人盘坐，服饰同前，唯袍粉红色，左手按膝，右手略伸，眼望对面一人。右一人，淡黄袍，背靠大树，左腿着地，右腿竖起，右臂支于右膝上，若有所思，左侧二人头上榜题"五郡初囗结义兄弟之处见"。

第二幅 北壁上部之右

绘一前一后两人。前一人，头戴无脚幞头，着红色团领窄袖袍，下着裤，足着鞋，头略低，左手提食盒，迈步前行。后一人，服饰同前，唯袍淡黄色，裤管扎束，

第三章 洛阳宋金壁画墓中的孝子故事壁画

肩扛一杆，后端悬挂浆瓶，头略抬，大步追赶前者。此人身后上方有题记，不清。

第三幅 北壁上部之左

绘六人。左一老妇，顶梳单髻，发披散，上着襄衣，赤腿，足着鞋。妇人蓬头垢面，高颧骨，眼低前视，左手挂杖，右手提罐，似去送饭。右五人，头戴无脚幞头，着团领窄袖袍，下着裤，足着鞋，身略前倾，头半仰，望向老妇人。前一人，着红袍，施叉手礼；后四人，分着粉红、红、黄、灰色袍，袖手。妇人与男子之间两处题记，上为"五郡兄弟认娘处"，下为"五郡兄来见义母之处"。

第四幅 西壁上部之右

自左至右绘五人，站成一排，头戴无脚幞头，着团领窄袖袍，足着鞋，挺腹，袖手，目左前视。左一黄袍，左二粉红袍，左三淡蓝袍，左四白袍，左五红袍。红袍人头侧有题记"义君处"。

第五幅 西壁上部之左

绘四人。左一老者，头戴展脚幞头，着白色团领宽袖袍，右手半举，坐于交椅上。身后一童子，戴无脚幞头，着黄色团领窄袖袍，手持一长方形阳扇。身前两男子，均戴无脚幞头，着团领窄袖袍，腰束带，下着裤，足着鞋。前一人，红袍，躬身向老者施礼。后一人，黄袍，双手当胸持剑。两人之间，有榜题"五郡见府处"。

第六幅 东壁上部之右

左侧绘三人，右侧绘一墓塔。靠近墓塔者着黄袍，左手前指，右手置于腰部，回首与身后二人说话。身后二人，着白袍，其中一人头戴风帽；两人拱手揆腹，作应答状。黄衣人头左方题记"五郡兄弟问□□□□之家庭"，头右方题记"五兄见墓"。

四、宜阳仁厚宋代壁画墓

(一) 墓葬形制

2010 年 6—8 月，原洛阳市第二文物工作队在洛河北岸、郑卢高速南部的洛阳市宜阳县韩城镇仁厚村北发掘了一座北宋墓葬。该墓为单室土洞墓，平面呈靴形，由墓道、甬道及墓室三部分组成，方向 170°。

墓道为长方形竖井式，位于墓室南壁偏东、甬道以南，开口于耕土层下，距现地表 0.2—0.25 米，长 2.1、宽 0.5—0.66、深 4.74 米。墓道填土为花土，包含物有礓石颗粒等。墓道北端有一晚期盗洞，口部呈圆形，直径 0.6—0.68 米。甬道位于墓室南、墓道北，直壁，顶略平。长 0.62、宽 0.4—0.5、高 1.13—1.25 米。底比墓室底略低，高差 0.15 米。墓室平面呈不规整长方形，长 2.65—2.75、宽 1.15—1.7、高 1.3—1.6 米，墓顶距地表 3.3 米。壁面整齐，斜壁，顶南北向略弧，平底。墓室东壁上部及北壁一角被近代砖室墓破坏。由于盗扰及破坏严重，室内棺痕及随葬器物荡然无存，仅在墓室淤土内发现两个头骨及乱骨数根，据此推测，该墓应为双人合葬墓。

(二) 壁画

壁画保留于墓室周壁及墓顶，除西壁保存较完整外，其他三壁均遭不同程度的破坏。墓顶壁画已脱落，仅存少许白色地仗层及墨框。壁画的制作方法是：先在墓壁上抹一层草拌泥，泥上涂白灰作为地仗层，地仗层之上绘墨色栏框，框内作画，画与画之间用墨色曲线隔开，每幅画面先用墨线勾勒，后施墨或土红色彩。该墓壁画内容可分为门吏图与孝义故事图两类。

该墓壁画在创作中运用了白描、双勾、凹凸晕染和没骨等表现技法。其中，以白描为先，双勾墨线用虚实刚柔、浓淡粗细的层次变化，来体现物体的不同质感和变化。凹凸晕染法用由深至浅的墨、色变化表示阴阳向背、前后高低。该墓壁画也有一些草率、粗糙之处，有些人物形象则明显比例失调。

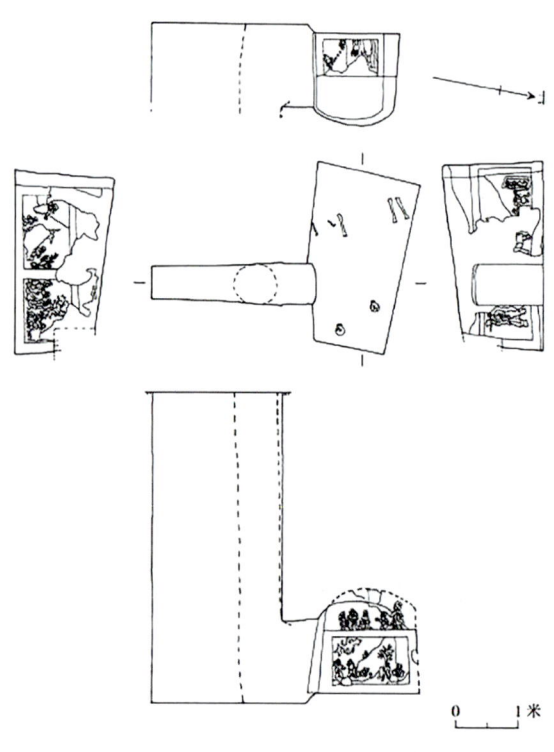

宜阳仁厚宋代壁画墓平、剖面图

（三）孝子故事壁画

该墓可辨的孝义故事壁画共 12 幅，基本确定的人物主要有老莱子、郭巨、王祥、王衷、鲁义姑、闵子骞、赵孝宗、孟宗、田真、鲍山、刘殷共 11 人。南壁西侧栏框长 1.48、高 1.11 米，框边宽 0.06—0.14 米。框内东部绘一名站立门吏，西部为 1 幅孝义故事图，即图一。西壁共绘一个墨色栏框、5 幅孝义故事图，栏框长 1.56、高 0.9 米，框边宽 0.1—0.13 米。框内绘 3 幅故事图，栏框外侧上部绘 2 幅故事图，即图二至图六。图七、八绘制于北壁西侧栏框内，图九、十则位于东侧栏框内，西侧栏框长 1.36、高 0.98、厚 0.1—0.12 米，东侧栏框长 1.21、高 1.02、厚 0.1—0.14 米。东壁只一个墨色栏框，栏框长 1.12、高 0.72、厚 0.09—0.11 米，其内可辨的有 2 幅故事图。北侧画面已漫漶不清，南侧画面即图十一。

图一 1 老莱子行孝线描图

|1| 老莱子行孝图

◎ 图的右侧为一着红色交领长衫袖手端坐的老妇人，中间一人正甩袖扭腰做滑稽表演，屋内桌几井然，从画面内容判断应为"老莱子娱亲"的故事；左侧一人物残损严重，仅剩头、肩部，可能为本故事中人物。

图一 2 老莱子行孝图

| 2 | 郭巨行孝图

◎ 中间一男一女两个人物。男子袍襟上卷，裤管高挽，手拿工具驻足站立于坑边。女子着红色长衫，怀抱一回首惊恐顾盼的小孩，屈腿伸出手指指向地面。远处一老者掩面哭泣。画面表现的应为"郭巨埋儿奉亲"的故事。

| 3 | 王祥行孝图

◎ 一男子赤身裸体而卧，身旁放一小竹篓，应为"王祥卧冰求鲤"的故事。

图二、图三 1 郭巨行孝线描图（左侧及右上）王祥行孝线描图（右下）

图二、图三 2 郭巨行孝图（左侧及右上）王祥行孝图（右下）

第三章 洛阳宋金壁画墓中的孝子故事壁画

|4| 王袤行孝图

◎ 在一棵树下坟墓的旁边,一男子弓腰拢袖拭泪痛哭,另一个面目狰狞的武士,应为雷神,手指男子旁边坟墓。画面表现的应为"王袤闻雷泣墓"的故事。

|5| 鲁义姑行孝图

◎ 一女子外着红色对襟长袖衫,怀抱一婴儿、手牵一孩童从容站立,斜视旁边一身披铠甲、腰悬宝剑、军士模样的人物。画面表现的应为"鲁义姑舍子救侄"的故事。

图四 1 王袤行孝线描图

图五 1 鲁义姑行孝线描图

图四 2 王袤行孝图

图五 2 鲁义姑行孝图

| 6 | 闵子骞行孝图

◎ 左边一男子头戴黑色无脚幞头,着圆领长袖袍,右手拿纸书怒视右上方妇人,妇人双手于胸前交叉拄杖含怒而坐,身前一头上扎满小髻的孩童右臂伸直、弓腿屈膝护佑妇人,似在向男子诉理求情。画面表现的应为"闵子骞芦花套衣,父前留母"的故事。

| 7 | 赵孝宗行孝图

◎ 一裸腿男子跪于地上,双手似在扒开上衣露出胸膛,头顶红色旗帜飘扬,远处一着红袍、武士模样的人仅存头部与左臂,该武士环眼圆睁,胳膊伸直,粗壮有力,食指指向飘扬的红色旗帜方向,旗帜下方画面残毁。该画面表现的可能是"赵孝宗舍己救弟"的故事。

图六 1 闵子骞行孝线描图　　　图七 1 赵孝宗行孝线描图

图六 2 闵子骞行孝图　　　图七 2 赵孝宗行孝图

第三章 洛阳宋金壁画墓中的孝子故事壁画

8 孟宗行孝图

◎ 一男子似在闭眼痛哭,双袖掩口似在拭泪弯腰祈求,腰部以下残;身旁放有一带提梁的荆篮,面前为一簇茂盛的翠竹,竹子根部有嫩笋生出。该画面表现的应为"孟宗哭竹生笋"的故事。

9 田真行孝图

◎ 中间为一棵树,树上结有果实,树桠周围飞有数只鸟雀;树的左侧为三个妇人形象,皆头梳高髻、着长袖褙子面朝大树掩面哭泣;树的右侧似为三个男子形象,最东侧男子头部不可辨,着长袖束腰长袍面向大树弓腰掩面哭泣。画面描绘的可能为"田真哭荆"的故事。

图八 1 孟宗行孝线描图

图九 1 田真行孝线描图

图八 2 孟宗行孝图

图九 2 田真行孝图

|10| 鲍山行孝图

◎ 上部画面不存，依稀可辨一男子着短衫，身背篓，篓中坐有人，下穿裤，弓腰行进；对面为一军士模样的人，军士仅存左侧臂膀与下肢。该画面表现的可能为"鲍山（出）行佣供母"的故事。（原图较模糊，无法绘制线描图）

|11| 刘殷行孝图

◎ 下方一男子虔诚地跪于地上，上方云朵之上一中年仙人形象，一手持物，一手指向下方，手指之处，生有一小株植物，应为"刘殷夜梦仙人，哭泽生堇"的故事。

图十一 1 刘殷行孝线描图

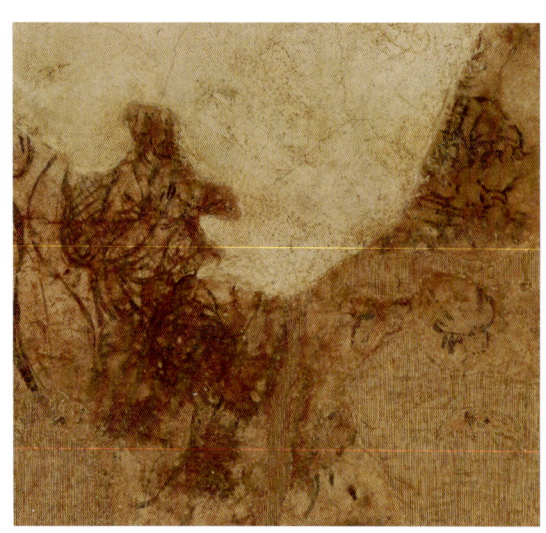

图十 1 鲍山行孝图

图十一 2 刘殷行孝图

五、嵩县北元村宋代壁画墓

(一) 墓葬形制

1986年10月,在嵩县城关镇北元村西砖厂发现一座典型的宋代仿木建筑砖雕壁画墓,该墓曾遭盗掘,破坏严重,但墓结构保存完好。墓葬为南北向,由墓道、甬道、墓室组成。

墓道为南窄北宽的竖穴式,残长1.60米,北宽1.23米,南宽1米,深5.2米。靠近甬道口处两壁凿有供上下的脚窝,甬道长1.09、宽1.05、高1.59米。用长36、宽17、厚5.5厘米的长方形素面砖砌券,券法是甬道两壁用平砌向上二十层后开始收分起券,甬道顶端并排夹两块砖,两砖左右向下起券部分各为十层砖。在甬道口封墓门,封门砖亦为长条素面砖,用两层砖封堵,内外两层砖均呈斜列人字形。墓室平面呈八角形,用长、宽各为31、厚5.5厘米的方砖错缝平铺,棺床砌在进甬道的以北和北壁相连,东西和东西壁相连,棺床高0.235、东西长2.86、南北宽2.86米。棺床亦为错缝平铺。整个墓室长2.85、宽2.86、高3.66米。

墓室周壁及门窗斗拱,以赫、红、黄、白诸色彩绘,斗拱以下壁周有六棱形倚柱八根,柱高2.34米、宽10厘米,倚柱画莲瓣,涂黄、白、赭三色。两倚柱间为七对浮雕彩绘棂子门窗,门额和倚柱平行,门额上以砖为普拍枋,八根倚柱各有斗拱一朵,斗拱为五铺作单杪单下昂的柱头。耍头为蚂蚱头状。昂嘴为批竹式,斗有栌斗、散斗、交互斗和齐心斗四种。拱有令拱、华拱、泥道拱、慢拱四种。拱间和拱上以砖为替木,拱上以砖为橑飞檐,其上为飞檐。从墓底到檐使整个墓室呈须弥座形。从檐上开始墓壁一周逐渐起券向中心收分,使墓顶呈宝盖式穹窿顶。墓顶一周从顶心到檐上下分三层,每层(周)砌出八个向室内凸出的斗拱。这三层斗拱不但加固了墓顶的坚固,也增加了墓壁的美观。

墓壁仿木建筑砖雕门窗除北壁正门外,东西两壁各二对四抹格扇门,东西三对格扇门不但大小、尺寸、所涂彩色一样,而且纹饰也完全一样,这种平面八角形墓,像现实生活中的四合院一样,正门似堂屋或叫上房,东西门窗似对厦。

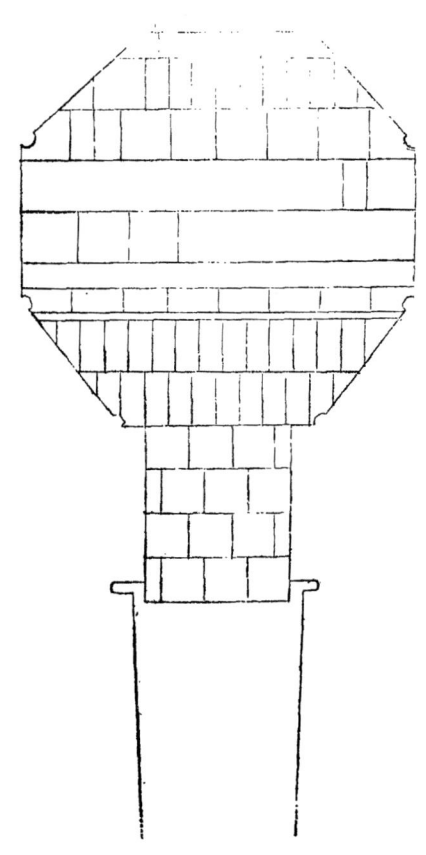

嵩县北元村宋代壁画墓平面图

嵩县北元村宋代壁画墓西壁剖面图

（二）壁画

在彩绘前先将整个甬道和墓室内壁，用沉淀过的白石灰水涂刷薄薄一层，使整个墓壁呈白色，然后根据墓内不同位置绘出不同内容的壁画，该墓彩绘壁画分布于整个甬道和墓室内壁，壁画布局规整，色彩鲜艳明快，绘画技巧娴熟，内容丰富，是截至目前洛阳地区发现的宋代壁画墓中属第一流的。

甬道口内外门额及半弧一周，用墨线勾连枝，赫色花叶，朱色牡丹。甬道内壁两侧分别各绘一门神，二门神头戴皂巾，脸盘丰润，浓眉大眼，着窄袖圆领紧身衣，腰系带下垂，窄腿白裤，足蹬高腰平头靴，双手置腹前握骨朵；右一门神额下有短须，左一门神较右年轻。

在北壁正门两侧的格扇门下部群板位置，分别有男女墓主生前生活画像，右侧（西）为男墓主，左侧（东）为女墓主，这两幅画虽然局部漫漶，但画面人物依稀可辨，男女墓主和两个门神，系一人所画。所画人物，线条流畅，比例匀称，色彩淡雅，技法造诣较高。

在八个斗拱之间又分上下两层（除甬道为一层外），用墨线勾画十五幅孝子图，这十五幅孝子图，和甬道所画的门神及墓内男女墓主线条技法相比，当出另一人之手。

从墓室至顶心整个墓顶壁画，在构图造型上，颇富有装饰性，顶心绘白底，墨线描边，涂红心的彩色两层七瓣莲花藻井。莲下，有两层各八朵的流云，云间八只丹顶鹤展翅飞翔追逐。云下为八个瓶插牡丹，花瓶圆腹，假圈足，每瓶均插三朵红白两种颜色的牡丹花。

（三）孝子故事壁画

孝子图分布在八个斗拱之间，分为上下两层（除甬道为一层外），上层画面一般上宽43、下宽52、高38厘米；下层画面一般上宽50、下宽55、高30厘米。十五幅孝子图用墨线勾画，无榜题，但从画面人物性别、面貌、动作及背景可分辨。图一至图六由南向北依次排列位于墓室西壁，图七在甬道内壁门额上，图八至十三排布于东壁，图十四、十五处于北壁正门两斗拱间。（该墓孝子故事线描图依照发掘报告图片描绘而得，因原图模糊，部分线描图与文字描述不符，以文字描述为准。）

1　郯子行孝图

◎ 画上二人，右边一少年，身披鹿皮，坐在一块山石上，双手在拔右腿中的一只箭。左边一猎人，戴幞头，穿紧身衣，左手持弓，右手指郯子，似在问话。背景是山峦和两棵落叶的树。

2　元觉行孝图

◎ 画上三人，左边山岗上坐一头梳单髻，赤身裸体，骨瘦如柴，孤苦伶仃的老人。中间元觉，头扎双髻，身着圆领长袍，腰系带。左手持肩舆（似今担架），右手指山岗上坐的老人，面对站立他眼前的父亲，弓脚幞头，身穿圆领长袍，束腰带下垂，右臂下垂，左手指元觉。画面表现了十五岁的元觉，要把肩舆带去，将来也用此肩舆学父亲的样子，把父亲抛弃在荒山。

图一 1 郯子行孝线描图

图二 1 元觉行孝线描图

图一 2 郯子行孝图

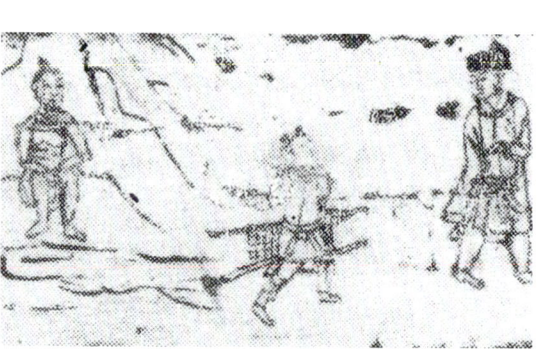

图二 2 元觉行孝图

|3| 郭巨行孝图

◎ 画上三人，郭巨夫妇及其妻怀中抱一幼子，郭巨右手持锹，左顾其妻。锹下挖出元宝数枚，画面表现"郭巨埋儿得金"的故事。

|4| 莱子行孝图

◎ 画上四人，右边莱子双亲在长条桌后，并排而坐，桌上放二托子、一盘果品。莱子坐在地上，头戴牛角帽，身着紧身衣，两臂前伸，右腿上跷，面前摆了三个碗、四个弹丸，似在玩杂技。莱子身后有一头扎双髻的少年，双手持槌，擂鼓助兴。

图三 1 郭巨行孝线描图

图四 1 莱子行孝线描图

图三 2 郭巨行孝图

图四 2 莱子行孝图

5 | 孟宗行孝图

◎ 画面上孟宗头裹巾子，身着宽袖长袍，坐在地上，左臂下垂，右手掩面哭泣。面前放一竹篮，篮前竹子二棵，竹笋三茎。

6 | 赵孝宗行孝图

◎ 画中四男，右边并排躬身站头戴幞头，身着圆领短衣长衫的一老人一少年。二军人，一坐一站，坐者年龄较大的为长官，头戴盔，着黄色甲胄，左手指着站立的老少二人，右手抚膝。左侧站立青年，头裹巾子，着甲胄，右顾长官，左手扶旗杆扛肩，旗在风吹下迎风招展。背景是起伏的山峦。

图五 1 孟宗行孝线描图

图六 1 赵孝宗行孝线描图

图五 2 孟宗行孝图

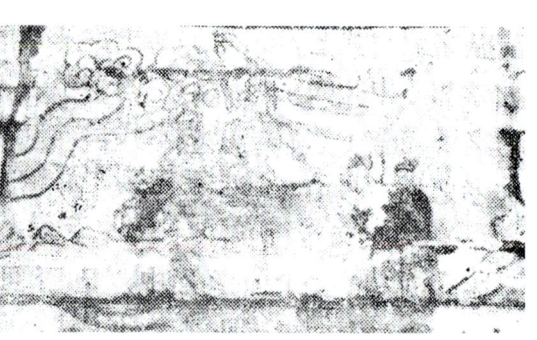

图六 2 赵孝宗行孝图

7 韩伯俞行孝图

◎ 画上一男一女，右边端坐一中年妇女，左手拄杖，右手指面前躬身抱拳恭立的少年，似在对话。

8 刘殷行孝图

◎ 画面上一人头裹巾子，身着长袍，双膝跪地，双手前伸，一人坐在徐徐降落的云朵上，双事捧物欲递下跪者。画中驾云而来者，当是刘殷梦中所见仙人。

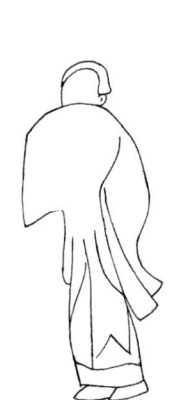

图七 1 韩伯俞行孝线描图　　　　图八 1 刘殷行孝线描图

图七 2 韩伯俞行孝图　　　　图八 2 刘殷行孝图

| 9 | 丁兰行孝图

◎ 画面上一男二女。右边帷幔中置一桌,桌前裙幔围绕,桌后椅上端坐丁兰母亲上身刻像。桌上一个托子,两个碗内盛供物。桌前左边躬身站立丁兰夫妇,丁兰拱手胸前,其妻双臂下垂,双手置腹侧作"道万福"状。

| 10 | 汉文帝行孝图

◎ 画面一男,头戴皇冠,身着圆领长袍,腰系玉带,侧身卧地,左手拿一棍在炉子火腔口拨火,炉上置一釜,空中一团流云在飘动。

图九 1 丁兰行孝线描图

图十 1 汉文帝行孝线描图

图九 2 丁兰行孝图

图十 2 汉文帝行孝图

|11| 董永行孝图

◎ 画上一男一女，左边仙女，上着对襟披，下着长裙，面左而扭身右顾，足下踏冉冉升起的祥云。右边董永头裹巾子，身着长袍，腰系带，双手拱于胸前，向仙女告别。画面表现了二人恋恋不舍的神情。

|12| 曹娥行孝图

◎ 画中一女子，头包孝布，穿宽袖拖地孝裙，右手掩面沿江哭泣，头上乌云翻滚，身侧波涛汹涌。表现曹娥为寻找江中父亲的尸体而不得的凄惨场面。

图十一 1 董永行孝线描图

图十二 1 曹娥行孝线描图

图十一 2 董永行孝图

图十二 2 曹娥行孝图

| 13 | 舜子行孝图

◎ 画面上舜子头戴东坡巾，身穿长袍，腰系带。左臂自然下垂，右手持一根似鞭杆的棍扛在右肩上，中间壁画脱落，前画二猪，空中有三只鸟，表现了舜子孝感天地，"象为之耕，鸟为之耘"的故事。

图十三 1 舜子行孝线描图

图十三 2 舜子行孝图

|14| 王祥行孝图

◎ 画中一男子仅穿短裤，头披巾，赤身裸体，卧于冰上，身下冰已裂缝，冰下两条鱼头朝上作跃状。画面左侧一棵大树的枝杆上搭着王祥脱下的衣服。

|15| 田真行孝图

◎ 画面上田真兄弟三人，均头戴东坡巾，身着长袍，一棵大树，树上数只乌鸦，树左边田真左手扶树，右手掩面哭泣。树右边田庆右手扶树，手掂金银，左臂下垂，田庆左侧站立田广，右臂举起指树，左臂下垂。画面表现了在田真"宜合不分"劝说下，其弟羞愧悔悟的故事。

图十四 1 王祥行孝线描图

图十五 1 田真行孝线描图

图十四 2 王祥行孝图

图十五 2 田真行孝图

附录一

（此简报摘自《文物与考古》1983年第5期）

洛阳出土北宋画像石棺

黄明兰

建国初期，解放军某部在洛阳市七里河村东进行基建工程时，发现石棺一具。因当时洛阳尚无文物管理机构，石棺旋即运往武汉，先放中山公园，后交湖北省博物馆收藏。

石棺除盖外，系用一整块青石雕琢而成，长235、前高91、后高75、前宽100、后宽83厘米。棺盖中部有经寸楷书一行，文曰："大宋宣和五年癸卯金紫光禄大夫孙王十三秀才寿棺。"（图一）棺身四周有画像，棺的前档上部刻两个双翼飞仙。飞仙之间有一烟雾缭绕的博山炉，中部列门窗（图二）。门之两侧以绶带悬金钱，金钱上坐着手持绶带的童男童女，下部左右有狮子一对。棺盖周围、棺底前后左右两边均刻大朵连枝牡丹花，棺侧和后档都是孝子故事，不过不是二十四孝，而只有十五孝子图，这说明北宋的孝子图尚未定型。这具石棺的十五个孝子图均有榜题，左侧七图：王午（武）子（图三，10），画面上王午子与老母似在憩坐休息；江系（姜诗）（图三，2），画面上江系与妻躬身于母前；丁栏（兰）（图三，3），画面上丁兰与妻子在向木雕的父像躬身祭祷；舜子（图三，5），画面上舜驱象稼耕，群鸟为之啄耘；郭巨（图三，13），画面上妻抱小儿准备活埋，郭巨持锹掘坑偶得金一釜；董永（图三，12），画面上仙女驾祥云辞别董永；韩伯俞（图三，8），画面上韩伯俞拱手恭立在老母面前。右侧六图：曹娥（图三，9），画面上曹娥立于江边哭泣，江水激荡，一水鬼手托曹父遗骨立于水面；田真（图三，11），画面上田真扶荆悲叹，两个弟弟站立一旁，地面上放着竹篓家具，作分家状；赵孝宗（图三，6），画面上有二人向一怒气冲冲的武将恭身施礼，武将手持宝剑，怒目圆睁，正在审视站立的二人；包中（图三，1），画面上有二人谦恭地向一武士施礼；孟宗（图三，4），画面上孟宗跪哭竹林，新笋破土而出；元觉（孝孙元觉或孙原谷，图三，7），画面上老祖父衣衫不整，被弃在山巅，元觉持肩舆与父论理。后档二图：陆绩（图三，14），画面上陆绩正辞别袁术；王祥（图三，15），画面上王祥脱衣挂树，裸身卧冰，二鲤跃出。

图一 棺盖中部文字

附录一

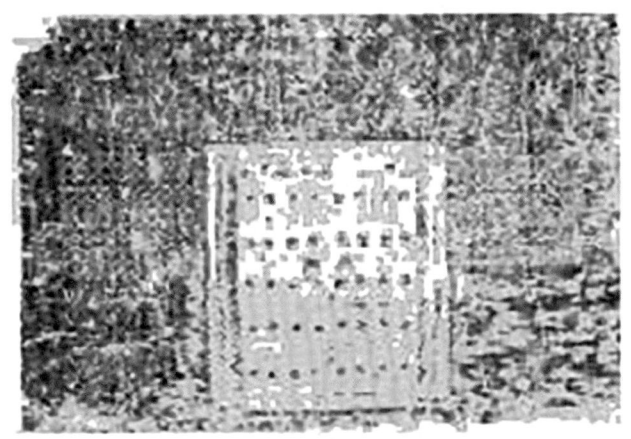

图二 棺前档中部门窗

图三

　　孝子烈女故事，大概起源于战国，盛行于汉代，秦以前就有《孝经》传世，提倡"孝道"成为封建伦理道德的主要内容之一，向为历代封建统治者所重视。山东嘉祥武梁祠、长庆郭巨祠、河南登封少室阙都刻有孝子故事。此外，北魏宁懋石室（现存美国波士顿艺术博物馆）、北魏孝子画像石棺（现存美国纳尔逊艺术博物馆），还有一具北魏元谧石棺（此棺下落不明，国内只存有拓本），都是洛阳出土的刻有"孝子"内容的石棺。前代的"孝子"数目有多有少，至宋代才大体上形成了"二十四孝"这个概念。1956年洛阳出土的"张君石棺"（现存洛阳关林古代艺术馆）所刻的"二十四孝"图，即是佐证。元代郭守正编辑的《二十四孝图》一书，无疑就是依据了宋代流传下来的"二十四孝"，只不过其中人物有所改动。

　　洛阳出土的这具北宋年间的王十三石棺上阴刻的十五孝子图，画面人物形象采用单线勾勒技法，与著名的《清明上河图》的人物画法非常相近，是典型的宋代人物画，在艺术技巧上颇有造诣，对我们研究宋代社会习俗和雕刻艺术提供了有价值的资料。

附录二

((此简报摘自《郑州宋金壁画墓》2010年中州古籍出版社))

巩义涉村宋代壁画墓

2002年10月，巩义市交通部门在拓宽豫31号公路（巩义至许昌）涉村段时，于村北路边断崖上掘出一壁画墓，郑州市文物考古研究所闻讯后赶往现场，发现墓道已被铲车铲去，并伤及甬道西壁及墓道北壁。考古人员对此墓进行了简单清理，壁画仅作部分拍照。2004年4月，为配合《郑州市宋金壁画墓》一书的编写，我们对此墓进行了壁画临摹，发现壁画又有脱落，现介绍于后。

（一）地理位置

涉村位于巩义东南部的群山之中，距巩义市区20公里，村南坞罗河自东向西蜿蜒流过，南岸不远即是高耸入云、连绵西去的嵩山；村北1公里诸峰对出，峰低顶平，统称平顶山。其中二峰位置稍南，相距1100米，峰间略成马鞍状（图二〇二）。两峰内侧各有一条南北向的冲沟，东称葡萄沟，西称杨泉沟，宽30—50米，深15—20米，通向坞罗河。墓葬位于葡萄沟与公路交会处西90米的路北断崖上，断崖高8.5米，墓甬道底距断崖顶5.4米（图二〇一、二〇三）。

（二）墓葬形制

墓为单室砖券墓，方向190度，深5.4米，由墓道、墓门、甬道、封门砖、墓室五部分组成，编号为04ZGSCM1（图二〇四）。

墓道位于甬道南端，仅存部分北壁及小部分东壁，北壁下部残留土雕，似为牡丹花。墓道宽0.9米，深5.4米。

墓门位于墓道与甬道之间，宽0.6米，高1.2米。墓道北壁土雕应

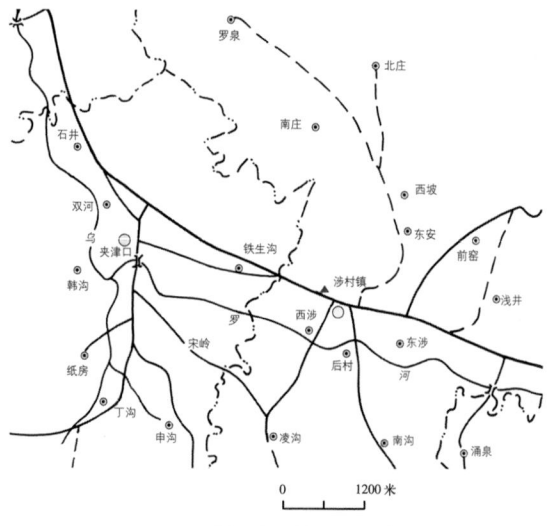

图二〇一 涉村壁画墓位置示意图

图二〇二 涉村村北平顶山之二峰

图二〇三 涉村壁画墓断崖出露位置

为墓门上方之装饰。

甬道位于墓室南壁正中,砖砌拱顶,两壁所涂白灰脱落。长0.4米,宽0.6米,高1.2米。

封门砖已毁,砌法不清,砖大小不一,长28—32厘米,宽14厘米,厚4厘米。

墓室从平地往下挖一袋状土坑,然后在坑内砖砌墓室,大致呈圆形,直径2.1米。由于圆形墓壁上砌有抹角倚柱,墓室又有了南壁、西壁、北壁、东壁之分,其中南壁宽1.47米、西壁宽1.4米、北壁宽1.5米、东壁宽1.35米。室内未见铺地砖,底与甬道底平。墓室自下而上分为三部分:下部南壁中部设甬道,壁稍直,两侧砖砌倚柱。北壁弧曲,下部砖砌假门,由地栿、立颊、门额、樽柱、上额、门扇组成,假门外为直棂窗。北壁两侧亦砌倚柱。倚柱高1.32米,无柱础。柱间有影作倚柱,一长三短;又有横向影作阑额。倚柱顶有普拍枋。西壁下部砌长方形直足矮桌一、高几一。东壁下部砌直足直枨桌子一、桌旁两靠背椅。中部柱头上设八朵转角铺作。栌斗陷于普拍枋中,栌斗上伸出一乳栿头、一泥道拱,泥道拱心斗上置一批竹昂并一慢拱,慢拱之上未见素枋、橑檐枋。铺作之栌斗、散斗、心斗均用二砖砌成，上层砖内收，以配合墓壁收进。墓顶为攒尖顶，八个壁面用二道侧砖作为分界，砖高于壁面。墓室通高3.1米。

（三）壁画

壁画分为人物壁画、木作彩画及墓顶彩画三种。人物壁画及墓顶彩画绘在白灰面上，白灰下地仗厚薄不均。木作彩画白灰面下无地仗（图二〇五、二〇六）。

1.人物壁画

墓室下部各壁均绘人物壁画，依次叙述。

南壁被阑额分成上下两部分。

上部：甬道顶有一极短影作倚柱，未绘莲瓣。倚柱两侧均无壁画。

下部：甬道东侧绘两人。左一人头戴幞头，着淡黄色团领窄袖袍，双手捧碗置于身体右侧，上身左倾，头略抬，眼望左方。右一人衣着相同，唯袍白色，左手举一盘，上罩一盖，正欲去送食物。

两人身前一长方形桌子，直足直枨，上放一长颈瓶。甬道西侧壁画脱落（图二〇七，1；图二〇八）。

西壁被阑额分作上下两部，各又被影作倚柱分成左右两部分（图二〇九）。

上部之左：绘四人。左一老者，头戴展脚幞头，着白色团领宽袖袍，

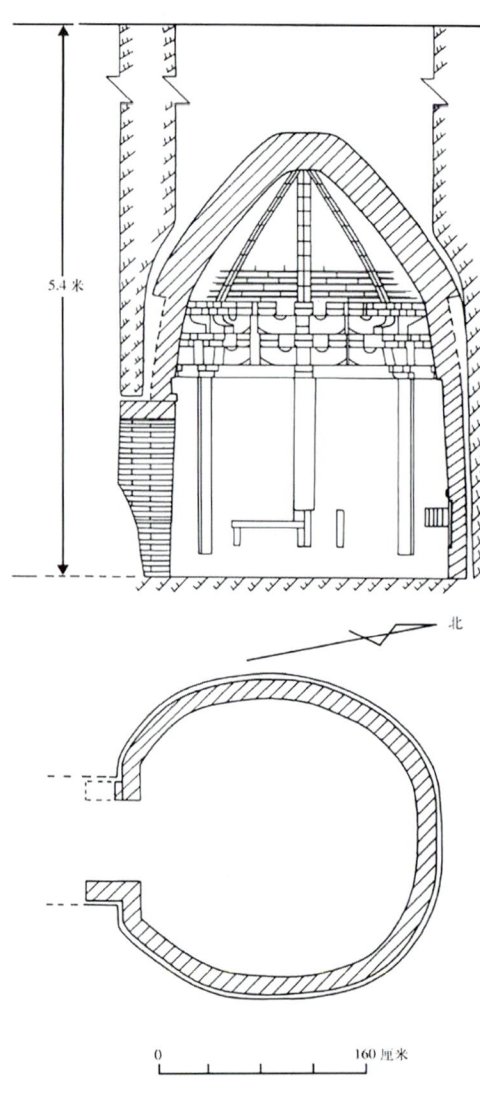

图二〇四 涉村壁画墓平剖面图

附录二

图二〇五 涉村壁画墓壁画展开示意图(前半部)

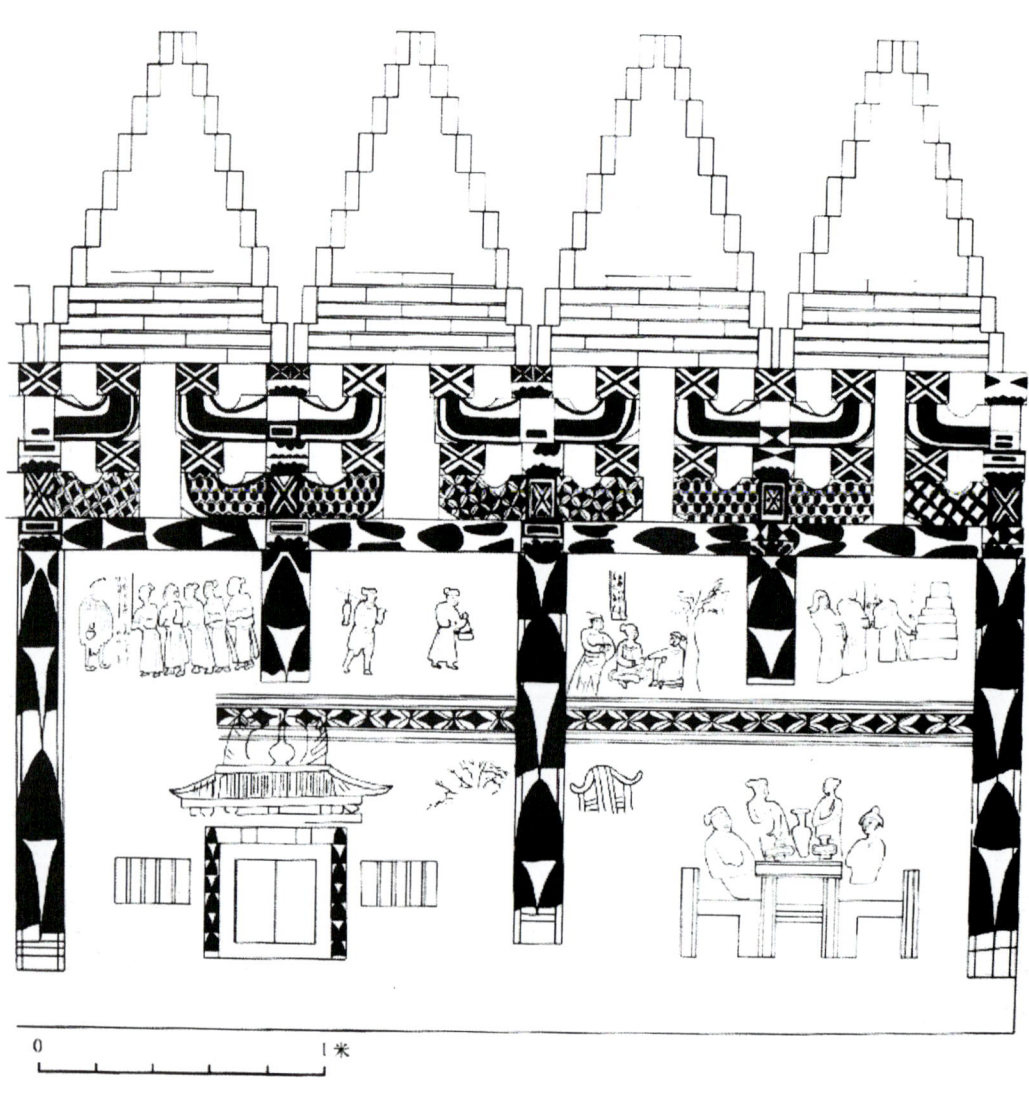

图二〇六 涉村壁画墓壁画展开示意图(后半部)

1 南壁甬道东侧

2 墓顶现状

图二〇七 涉村壁画墓南壁及墓顶

图二〇八 涉村壁画墓南壁东侧下部壁画

2 西壁右侧壁画

1 西壁左侧壁画

图二〇九 涉村壁画墓西壁

右手半举，坐于交椅上。身后一童子，戴无脚幞头，着黄色团领窄袖袍，手持一长方形阳扇。身前两男子，均戴无脚幞头，着团领窄袖袍，腰束带，下着裤，足着鞋。前一人，红袍，躬身向老者施礼。后一人，黄袍，双手当胸持剑。两人之间有榜题"五郡见府处"（图二一〇）。

上部之右：自左至右绘五人，站成一排，头戴无脚幞头，着团领窄袖袍，足着鞋，挺腹，袖手，目左前视。左一黄袍，左二粉红袍，左三淡蓝袍，左四白袍，左五红袍。红袍人头侧有题记"义君处"（图二一一）。

下部之左：阑额下悬黄色幔帐、组绶，下砖砌一长方形桌子。

下部之右：阑额上悬挂一鸟笼，内似为鹩哥。下砖砌一高几、一方柜，柜右绘一交股剪。一花猫正从柜上跃上方几，一边回头张望鸟笼（图二一二）。

图二一〇 涉村壁画墓西壁上部左侧壁画

图二一一 涉村壁画墓西壁上部右侧壁画

北壁被阑额分成上下两部，上部又被影作倚柱分成左右两部分（图二一三）。

上部之左：绘六人。左一老妇，顶梳单髻，发披散，上着襄衣，赤腿，足着鞋。妇人蓬头垢面，高颧骨，眼低前视，左手挂杖，右手提罐，似去送饭。右五人，头戴无脚幞头，着团领窄袖袍，下着裤，足着鞋，身略前倾，头半仰，望向老妇人。前一人，着红袍，施叉手礼。后四人，分着粉红、红、黄、灰色袍，袖手。妇人与男子之间两处题记，上为"五郡兄弟认娘处"，下为"五郡兄来见义母之处"（图二一四）。

上部之右：绘一前一后两人。前一人，头戴无脚幞头，着红色团领窄袖袍，下着裤，足着鞋，头略低，左手提食盒，迈步前行。后一人，服饰同前，唯袍淡黄色，裤管扎束，

图二一二 涉村壁画墓西壁下部右侧壁画

2. 北壁右侧壁画

1. 北壁左侧壁画

图三二三 涉村壁画墓北壁

图二二四 涉村画画墓北壁上部左侧壁画

肩扛一杆，后端悬挂浆瓶，头略抬，大步追赶前者。此人身后上方有题记，漫漶不清（图二一五）。

下部：中为门楼，两侧直棂窗。左窗上方壁画脱落，右窗窗旁一株大树（图二一六）。

东壁被阑额分成上下两部，上部又被影作倚柱分成左右两部分（图二一七）。

上部之左：绘三人。左一人站立，头戴幞头，着白色团领窄袖袍，前襟掖起，露出黄色内衣，下着裤，裤管扎束，左手叉腰，右手抬于胸前，眼望地上二人。中一人盘坐，服饰同前，唯袍粉红色，左手按膝，右手略伸，眼望对面一人。右一人，淡黄袍，背靠大树，左腿着地，右腿竖起，右臂支于右膝上，若有所思。左侧二人头上榜题"五郡初（？）结义兄弟之处见"（图二一八）。

上部之右：左侧绘三人，右侧绘一墓塔。靠近墓塔者着黄袍，左手前指，右手置于腰部，回首与身后二人说话。身后二人，着白袍，其中一人头戴风帽，两人拱手腴腹，作应答状。黄衣人头左方题记"五郡兄弟问□□□□之家庭"，头右方题记"五兄见墓"（图二一九）。

下部：壁左绘一弯搭脑带腰枨的靠背椅，下部残。中砌一桌二椅，桌上置托盏二、瓶一，椅上端坐墓主夫妇。男头戴红色幞头，着灰色团领窄袖袍。女梳圆髻，发红色，着红色左衽窄袖襦。两人袖手，相对无语。桌后拱手而立男女二人，似为墓主儿子与儿媳。男着幞头、白色团领袍，女着白色交领襦（图二二〇）。

2. 木作彩画

北壁下部中间砌一假门，博柱绘红色一整二破仰莲，门额上两方形门簪。再上用灰、黄彩影作门楼，顶为四阿式，脊两端起鸱吻，脊间置一黄色宝瓶。由于空间有限，鸱吻、宝瓶深入阑额。假门两侧砖砌窗棂涂红彩（图二一六）。

东壁下部砖砌桌，椅上用靛青彩绘线脚，桌枨彩绘（图二二〇）。

倚柱砖砌倚柱下端有箍头，箍头以上绘红色一整二破仰莲（图二〇七，1）。

阑额灰彩绘出阑额边缘，缘内绘毯纹，内填黄彩（图二一六）。

普拍枋绘一整二破红色莲瓣。

栌斗六个绘黄色仰莲与长方块，两个绘黄色仰莲，一对四半方胜。

泥道拱拱绘黄、靛青两道缘，拱心绘龟纹，内填黄彩。相邻一拱则绘靛青、黄两道缘，拱心绘毯纹，内填黄色方胜。散斗绘黄色四半方胜，心斗五个绘黄色仰莲与长方块，二个绘黄色仰、覆莲，一个绘黄色仰莲、二方胜。

梁头均绘黄色四半方胜。

昂七个昂嘴绘黄色长方块，一个昂嘴绘黄色二方胜。

慢拱拱两道靛青缘，拱心红彩，散斗红色四半方胜，心斗黄色仰莲与一对四半方胜。相邻一拱心斗为黄色四半方胜，余相同（图二二一）。

3. 墓顶彩画

脱落（图二〇七，2）。

图二一五 涉村壁画墓北壁上部右侧壁画

图二一六 涉村壁画墓东壁下部壁画

2 东壁右侧壁画

1 东壁左侧壁画

图二一七 涉村壁画墓东壁

图二一八 涉村壁画墓东壁上部左侧壁画

图二一九 涉村壁画墓东壁上部右侧壁画

图二二○ 涉村壁画墓东壁下部壁画

图二二一 涉村壁画墓铺作

1. 西壁补间铺作　　2. 西壁右侧柱头铺作

（四）遗物

墓室北部见两具尸骨，北为男性，南为女性，头俱朝西。

（五）结语

1. 年代　涉村壁画墓形制较为特殊，呈圆形，距底 0.18 米砌四根抹角倚柱，倚柱间又有四根长、短影作倚柱，使墓室实际上有了四壁之分，一般认为北宋的方形、长方形壁画墓是由唐代级别较高的同类墓室发展来的，则圆形壁画墓也可能由唐代的圆形墓葬发展而来。唐代圆形墓葬仅在辽宁、河北地区有发现，如 635 年朝阳张秀墓、673 年朝阳左才墓、约 680 年河北献县唐墓等。李唐统治结束后，在北方辽的版图内，壁画墓有一部分采用了圆形墓室，如 1017 年韩相墓、1093 年张文藻墓（前室长方形，后室圆形），1093 年张世本墓，那么黄河流域宋王朝统治区域内也有可能出现圆形壁画墓。涉村壁画墓西壁、东壁下部砖砌家具，所绘猫、人物藉此活动，显然是城南庄壁画墓风格的延续，但家具已大为简化。南壁绘有人物、桌子，这同黑山沟壁画墓人物、家具均用笔绘制相同。因此，宜将此墓年代定在城南庄壁画墓与黑山沟壁画墓之间。

涉村壁画墓顶部彩画脱落，有无行孝人物不清楚；若无，则铺作与阑额间所绘五郡结义兄弟拜见长辈等内容，已是豫西宋墓行孝故事的先声，壁画所见二十九人，二十六男除一人外，皆头戴无脚幞头，着团领袍，同白沙一号宋墓男主人所着一致；三女中仅东壁下部女主人着左衽袄，难以藉此将此墓定为金墓。

2. 木作、铺作　涉村壁画有砖砌倚柱、普拍枋、铺作、门窗、桌、椅、几，同时大量使用了影作形式，表现在倚柱、阑额、门楼顶、柜等方面。影作的使用，显然有其方便的特点。此墓铺作同豫西宋墓有较大的不同，如栌斗陷于普拍枋内，栌斗左右为泥道栱，正方向伸出一乳栿头。单就这一层来说，可称之为把头绞项造，但把头绞项造乳栿头常雕作蚂蚱头，泥道栱上承柱头枋，此层铺作又与之不同。它的乳栿头为长方形，泥道栱心斗上设一昂，一栱，由于出跳短，此栱落于泥道栱上，成了慢栱。将此铺作暂称为把头绞项造，可能不确，期待专家指正。

3. 壁画　涉村壁画墓倚柱、铺作仅用红、黄，靛青三色，看上去明快艳丽。人物、禽兽除白、红、黄三种主色外，尚有灰、粉红、淡蓝等彩，使得墓室显得清静素雅，这在宋代壁画墓中极为少见。

参考文献

1. 余莉娜, 张剑葳, 于浩然, 朱柠, 杭侃, 徐怡涛. 新安县石寺李村北宋宋四郎砖雕壁画墓测绘简报 [J]. 故宫博物院院刊, 2016, 1.
2. 叶万松, 余扶危. 新安县石寺李村的两座宋墓 [M]. 北京: 文物出版社, 1985: 173.
3. 张瑾, 胡小宝, 胡瑞, 杨爱荣, 马秋茹, 高虎, 周立. 洛阳洛龙区关林庙宋代砖雕墓发掘简报 [J]. 文物, 2011, 8.
4. 乔栋. 洛阳伊川雕砖墓发掘简报 [J]. 文物, 2005, 4.
5. 黄明兰, 宫大中. 洛阳北宋张君墓画像石棺 [J]. 文物, 1984, 7.
6. 李献奇, 王丽玲. 河南洛宁北宋乐重进画像石棺 [J]. 文物, 1993, 5.
7. 杨大年. 宋画象石棺 [J]. 文物参考资料, 1958, 7.
8. 黄明兰. 洛阳出土北宋画像石棺 [J]. 文物与考古, 1983, 5.
9. 赵玉安, 王保仁. 巩县西村宋代石棺墓清理简报 [J]. 中原文物, 1988, 1.
10. 李献奇, 张应桥. 河南宜阳北宋画像石棺 [J]. 文物, 1996, 8.
11. 李扬, 汪旭, 于宏伟, 朱超峰, 杨远. 河南登封黑山沟宋代壁画墓 [J]. 文物, 2001, 10.
12. 于宏伟, 黄俊, 李扬. 登封高村壁画墓清理简报 [J]. 中原文物, 2004, 5.
13. 张保卿. 巩义涉村宋墓孝子图像考——兼谈中原北方地区宋墓的墓主像 [J]. 文物, 2017, 7.
14. 郑州市文物考古研究所. 郑州宋金壁画墓 [M]. 北京: 科学出版社, 2005.
15. 司马俊堂, 王云涛, 蔡梦珂, 张海涛, 卢青峰, 张建文. 洛阳宜阳仁厚宋代壁画墓发掘简报 [J]. 文物, 2015, 4.
16. 洛阳市文物管理局, 洛阳古代艺术博物馆. 洛阳古代墓葬壁画 [M]. 河南: 中州古籍出版社, 2010.
17. 李献奇, 嵩县北元村宋代壁画墓 [J]. 中原文物, 1987, 3.
18. 朱世伟, 徐婵菲. 砖画青史——洛阳古代艺术博物馆藏宋金雕砖 [M]. 河南: 河南美术出版社, 2016.
19. 卢青峰, 张鸿亮. 洛阳地区出土宋代石棺刍议 [J]. 四川文物, 2009, 6.

后 记

洛阳古墓博物馆坐落于陵墓众多的洛阳北邙山上，是我国第一座以历代墓葬实物为展品、系统反映古代墓葬发展变化的专题性博物馆，展出了洛阳地区上自西汉、下至宋金等9个朝代26座古墓葬。随同墓葬一同展出的不仅有反映历代社会物质生活的陪葬器物，还有反映精神生活的壁画、砖雕和石刻。在文旅融合的背景下，历史文化知识的普及与深度传播成为了博物馆发展的新维度。本着更好的向社会公众传播洛阳古代墓葬文化的诚挚态度，我们选取宋金墓葬中的孝子故事为主题，以馆藏雕砖、壁画为主线，汇集了"孝子故事"这一题材在洛阳地区出土的墓葬文物，撰写了这本专门介绍洛阳宋金时期墓葬中孝子故事的小册子，以供人们欣赏和研究。

知易行难，由于部分考古发掘资料年代久远，文物存放地点不详，使我们在资料收集中遇到了较大困难，在众多领导、专家、同行、同事们的帮助下，才得以完成考古发掘报告、专著、图片、线图的收集、拍照、绘制、整理工作。在此，特向本书编写过程中给予帮助的朋友们表示衷心感谢，感谢洛阳市博物馆馆长李文初先生、郑州市文物局文化遗产保护利用处处长张贺君先生、巩义市文博事业中心（巩义市文物考古研究所）刘小梅女士等领导、专家和各文博单位同行在资料收集过程中提供的帮助，感谢郑文、索子会等同事协助完成资料汇总编目和线描图绘制工作，以及其他同事协助文字校对等工作。由于本书所涉及的文物发掘年代跨度较长，使得收集到的图文资料精粗有别，加之作者学识有限，本书可能存在种种不足和谬误，特此恳请读者批评指正。

杨蔚青　张建文
2023年12月